愛する人を亡くした人へ

悲しみに寄り添う15通の手紙

一条真也

PHP文庫

○本表紙図柄＝ロゼッタ・ストーン（大英博物館蔵）
○本表紙デザイン＋紋章＝上田晃郷

あなたは、愛する人を亡《な》くされました。

さぞ、深い悲しみに沈んでおられることでしょう。

今は、夜。空には月のかけらもなく、真っ暗です。あなたの心も、この夜空のように漆黒《しっこく》の闇に包まれているのでしょうね。

わたしは、これから毎晩、あなたに短い手紙をお出ししようと思います。短いけれども、とても大事なことを、心を込めて書きますので、どうか、お読みくださいね。

最後まで読み終わったとき、あなたの心に少しでも光が射《さ》していることを願っています。

愛する人を亡くした人へ　目次

第一信

別れ

愛する人を亡くすということ

あなたは、いま、この宇宙の中で一人ぼっちになってしまったような孤独感と絶望感を感じているかもしれません。誰にもあなたの姿は見えず、あなたの声は聞こえない。亡くなった人と同じように、あなたの存在もこの世から消えてなくなったのでしょうか。

フランスには「別れは小さな死」ということわざがあります。愛する人を亡くすとは、死別ということです。愛する人の死は、その本人が死ぬだけでなく、あとに残された者にとっても、小さな死のような体験をもたらすと言われています。

もちろん、わたしたちの人生とは、何かを失うことの連続です。わたしたちは、これまでにも多くの大切なものを失ってきました。しかし、長い人生においても、一番苦しい試練とされるのが、あなた自身の死に直面することであり、あなたの愛する人を亡くすことなのです。

わたしは、冠婚葬祭の会社を経営しています。本社はセレモニーホールも兼ねており、そこでは年間じつに数千件の葬儀が行なわれています。そのような場所にいるわけですから、わたしは毎日のように、多くの「愛する人を亡くした人」たちにお会いしています。

その中には、涙が止まらない方や、気の毒なほど気落ちしている方、健康を害するくらいに悲しみにひたっている方もたくさんいます。亡くなった人を追って命を絶ちかねないと心配してしまう方もいます。

「愛する人」と一言でいっても、家族や恋人や親友など、いろいろあります。わたしは、親御さんを亡くした人、御主人や奥さん、つまり配偶者を亡くした人、お子さんを亡くした人、そして恋人や友人や知人を亡くした人が、それぞれ違ったものを失い、違ったかたちの悲しみを抱えていることに気づきました。

それらの人々は、いったい何を失ったのでしょうか。
ユダヤ教の教師《ラビ》でもある、アメリカのグリーフ・カウンセラーのE・A・グロルマンの言葉をもとに、わたしは以下のように考えました。

親を亡くした人は、過去を失う。
配偶者を亡くした人は、現在を失う。
子を亡くした人は、未来を失う。
恋人・友人・知人を亡くした人は、自分の一部を失う。

そういった、さまざまな大切なものを失った方々とお話しするうちに、わたしは愛する人を亡くした人へのメッセージを手紙に記したいと思いました。現実に悲しみの極限で苦しんでおられる方々の心が少しでも軽くなるお手伝いがしたかったのです。

そのために、古今東西の宗教、哲学、文学、心理学、神秘学などに広く目を配り、すべての人にとって当てはまりそうな、普遍的な叡智《えいち》となりうる考え方を求めました。

そのうえで、わたし自身の考えを述べてあります。

わたしは、若い頃からずっと「死」について考えてきました。「死」について考え続けてきたなどというと、なんだか陰気な死神のような人間だと思われるかもしれません。もちろん、「死」よりも関心のあるテーマはあります。それは、「幸福」です。

物心ついたときから、わたしは人間の「幸福」というものに強い関心がありました。学生のときには、いわゆる幸福論のたぐいを読みあさりました。それこそ、本のタイトルや内容に少しでも「幸福」の文字を見つければ、どんな本でもむさぼるように読みました。

そしてわたしは、こう考えました。政治、経済、法律、道徳、哲学、芸術、宗教、教育、医学、自然科学……人類が生み、育んできた営みはたくさんある。

では、そういった偉大な営みが何のために存在するのかというと、その目的は「人間を幸福にするため」という一点に集約される。さらには、その人間の幸福について考えて、考えて、考え抜いた結果、その根底には「死」というものが厳然《げんぜん》として在《あ》ることを思い知りました。

そこでわたしが、どうしても気になったことがありました。それは、日本では、人が亡くなったときに「不幸があった」と言うことでした。わたしたちは、みな、かならず死にます。死なない人間はいません。いわば、わたしたちは「死」を未来として生きているわけです。その未来が「不幸」であるということは、かならず敗北が待っている負け戦《いくさ》に出ていくようなものです。

わたしたちの人生とは、最初から負け戦なのでしょうか。どんなすばらしい生き方をしても、どんなに幸福感を感じながら生きても、最後には不幸になるのでしょうか。

あなたのかけがえのない愛する人は、不幸なまま、あなたの目の前から消えてしまったのでしょうか。亡くなった人は「負け組」で、生き残った人たちは「勝ち組」なのでしょうか。

そんな馬鹿な話はないと思いませんか。わたしは、「死」を「不幸」とは絶対に呼びたくありません。なぜなら、そう呼んだ瞬間、わたしは将来かならず不幸になるからです。

死は決して不幸な出来事ではありません。愛する人が亡くなったことにも意味があり、あなたが残されたことにも意味があります。これから、わたしがお話しすることは、亡くなられた人からのメッセージだと思って下さい。わたしは、死者の言葉を代筆しているにすぎません。

これから何夜かにわたってお届けする、わたしの手紙を最後まで読まれたあなたは、きっと死の本当の姿について理解されるはずです。そして、おだやかな悲しみを抱きつつも、亡くなられた人の分まで生きていくという気持ちになってくれることを信じています。それは何よりも、あなたの亡くした、愛する人がもっとも願っていることなのです。

第
二
信

儀式

かたちには「ちから」があります

あなたの愛する人の葬儀は、もう終わりましたか。終わっているなら、ひと安心です。あなたの悲しみは確実に軽減されています。もし終わっていないなら、ぜひ、この手紙を読み、葬儀のもつ深い意味を知ってください。そして、愛する人をきちんと送り出してあげてください。

葬儀には、五つの役割があるとされています。「社会への対応」「遺体への対応」「霊魂への対応」「悲しみへの対応」、そして「さまざまな感情への対応」です。

さまざまな感情を具体的に言うと「怒り」や「恐れ」などです。具体的には、「どうして自分を残して死んでしまったのだ」という怒り、あるいは葬儀をきちんと行なわないと「死者から祟られるのではないか」という恐れなどです。

しかし、残された人々のほとんどが抱く感情とは「怒り」でも「恐れ」でもなく、やはり「悲しみ」でしょう。「悲しみへの対応」とは、遺族に代表される生者のためのもの。遺された人々の深い悲しみや哀惜《あいせき》の念に、どのように寄り添っていくかという対応方法のことです。

通夜、告別式、その後の法要《ほうよう》などの一連の行事は、遺族に「あきらめ」と「決別」をもたらしてくれます。

愛する人を亡くした人の心は不安定に揺れ動いています。しかし、そこに儀式というしっかりした「かたち」のあるものが押し当てられると、不安が癒されていきます。

親しい人間が死去する。その人が消えていくことによる、これからの不安。残された人は、このような不安を抱えて数日間を過ごさなければなりません。心が動揺していて矛盾を抱えているとき、この心に儀式のようなきちんとまとまった「かたち」を与えないと、人間の心にはいつまでたっても不安や執着が残るのです。

この不安や執着は、残された人の精神を壊《こわ》しかねない、非常に危険な力をもっています。

この危険な時期を乗り越えるためには、動揺して不安を抱え込んでいる心に、ひとつの「かたち」を与えることが求められます。まさに、葬儀を行なう最大の意味はここにあります。

では、この儀式という「かたち」はどのようにできているのか。それは、「ドラマ」や「演劇」にとても似ています。死別によって動揺している人間の心を安定させるためには、死者がこの世から離れていくことをくっきりとしたドラマにして見せなければなりません。ドラマによって「かたち」が与えられると、心はその「かたち」に収まっていきます。すると、人はどんな悲しいことでも乗り越えていけるのです。

それは、いわば「物語」の力だと言えるでしょう。わたしたちは、毎日のように受け入れがたい現実と向き合います。そのとき、物語の力を借りて、自分の心のかたちに合わせて現実を転換しているのだと言ってもよいでしょう。

つまり、物語というものがあれば、人間の心はある程度は安定するものなのです。逆に、どんな物語にも収まらないような不安を抱えていると、心はいつもぐらぐらと揺れ動いて、愛する人の死をいつまでも引きずっていかなければなりません。

仏教やキリスト教などの宗教は、大きな物語だと言えるでしょう。「人間が宗教に頼るのは、安心して死にたいからだ」と断言する人もいますが、たしかに強い信仰心の持ち主にとって、死の不安は小さいでしょう。中には、宗教を迷信として嫌う人もいます。でも興味深いのは、そういった人に限って、幽霊話などを信じるケースが多いことです。

宗教が説く「あの世」は信じないけれども、幽霊の存在を信じるというのは、どういうことか。それは結局、人間の正体が肉体を超えた「たましい」であり、死後の世界があると信じることです。宗教とは無関係に、霊魂や死後の世界を信じたいのです。幽霊話に興味を引かれるとは、そういうことだと思います。

儀式の話に戻りましょう。死者が遠くに離れていくことをどうやって表現するかということが、葬儀の大切なポイントです。それをドラマ化して、物語とするために、葬儀というものはあるのです。

たとえば、日本の葬儀の大部分を占める仏式葬儀は、「成仏《じょうぶつ》」という物語に支えられてきました。葬儀の癒しとは、物語の癒しなのです。

わたしは、「葬儀というものを人類が発明しなかったら、おそらく人類は発狂して、とうの昔に絶滅していただろう」と、ことあるごとに言っています。あなたの愛する人が亡くなるということは、あなたの住むこの世界の一部が欠けるということです。欠けたままの不完全な世界に住み続けることは、かならず精神の崩壊を招きます。

不完全な世界に身を置くことは、人間の心身にものすごいストレスを与えるわけです。まさに、葬儀とは儀式によって悲しみの時間を一時的に分断し、物語の癒しによって、不完全な世界を完全な状態に戻すことにほかなりません。

葬儀によって心にけじめをつけるとは、壊れた世界を修繕《しゅうぜん》するということなのです。それは、ある意味で大工仕事に似ています。だから、わたしは当社の葬祭スタッフにいつも、「あなたたちは、心の大工さんですよ」と言っているのです。

葬儀は接着剤の役目も果たします。愛する人を亡くした直後、残された人々の悲しみに満ちた心は、ばらばらになりかけます。それをひとつにつなぎとめ、結びあわせる力が葬儀にはあります。

また、多くの人は、愛する人を亡くした悲しみのあまり、自分の心の内に引きこもろうとします。誰にも会いたくありません。何もしたくありませんし、一言もしゃべりたくありません。ただ、ひたすら泣いていたいのです。

でも、そのまま数日が経過すれば、どうなるでしょうか。残された人は、本当に人前に出られなくなってしまいます。誰とも会えなくなってしまいます。

葬儀は、いかに悲しみのどん底にあろうとも、その人を人前に連れ出します。引きこもろうとする強い力を、さらに強い力で引っ張りだすのです。葬儀の席では、参列者に挨拶をしたり、お礼の言葉を述べなければなりません。それが、残された人を「この世」に引き戻す大きな力となっているのです。

さらに葬儀については、「人の道」ということを知る必要があります。「人の道」というのは、今から二千四百年ほど前に中国で儒教が生んだ考え方です。

儒教を開いた孔子の死後、約百年たってから誕生した孟子は、人の道を歩むうえで一番大切なことは、親の葬儀をあげることだと述べました。

史上最高の哲学者と呼ばれるドイツのヘーゲルも、孟子と同様の主張を述べ、「親の埋葬倫理《まいそうりんり》」ということを説いています。

親に限らず、愛する肉親の葬儀をきちんとあげることは、人間として当然のことであることは言うまでもありません。

もともと、約七万年前にネアンデルタール人が死者に花を手向《たむ》けた瞬間からサルがヒトになったとも言われるほど、葬儀は「人類の精神的存在基盤」とも呼べるものなのです。

かつては、あらゆる動物の中で人間だけが自分の死期を悟ると言われていました。しかし今では、自らの死の前になると姿を隠す習性のある他の動物も多いことが知られています。ただ、古代から死者を弔《とむら》う儀礼をもつのは人間だけであることは間違いないようです。

人間とは、葬儀を行なう動物なのですね。

いや、葬儀を行なうから人間なのでしょう。

愛する家族の葬儀をきちんと終えたあなたは、立派に人の道を歩まれたのです。また、これから葬儀をあげるなら、その意味をしっかりと知り、堂々と人の道を歩まれることをお祈りいたします。

第
三
信

自然

あなたのすぐそばにいます

以前、「千の風になって」という不思議な歌が流行しましたね。「私のお墓の前で泣かないでください」というフレーズではじまることからもわかるように、死者から生者へのメッセージ・ソングです。

もともとは作者不明の、わずか十二行の英語の詩でした。原題を「I am a thousand winds」といいます。欧米では以前からかなり有名でした。一九七七年、アメリカの映画監督ハワード・ホークスの葬儀では、映画俳優のジョン・ウェインがこの詩を朗読したそうです。また、一九八七年、マリリン・モンローの二十五回忌のとき、ワシントンで行なわれた追悼式の席上でも朗読されました。

かつて、この詩の存在を週刊誌で知った一人の日本人がいました。三五館という出版社を経営する星山佳須也さんという方です。大きな感銘を受けた星山さんは、一九九五年にこの詩を出版しました。この作者不明の不思議な詩は、次のようにはじめて日本語に訳されたのです。

私の墓石の前に立って　涙を流さないでください。
私はそこにはいません。
眠ってなんかいません。
私は1000の風になって　吹き抜けています。
私はダイアモンドのように　雪の上で輝いています。
私は陽の光になって　熟した穀物にふりそそいでいます。
秋には　やさしい雨になります。
朝の静けさのなかで　あなたが目ざめるとき
私はすばやい流れとなって　駆けあがり
鳥たちを　空でくるくる舞わせています。

夜は星になり、私は、そっと光っています。
どうか、その墓石の前で　泣かないでください。
私はそこにはいません。
私は死んでいないのです。

（『あとに残された人へ　１０００の風』南風椎訳　三五館）

この詩が出版されるや、多くの人々の心をとらえました。とくに愛する人を亡くした人々の心を強くとらえました。ノンフィクション作家の柳田邦男さんも、その一人でした。

柳田さんは、息子さんを自死で失うという壮絶な経験をされています。わが子を亡くした喪失の悲しみから立ち直ることができずに苦しんでいた柳田さんは、知人から教えられて「１０００の風」とめぐりあい、はじめて癒《いや》されたと実感したそうです。

柳田さんは阪神・淡路大震災の被災者をはじめ、愛する人を亡くした人々向けに「悲しみを糧《かて》に生きる」という講演を神戸などで開催されました。そこで自ら用意したスライドを見せながら、時間をかけてゆっくりとこの詩を朗読されたそうです。

柳田さんは、「1000の風」について次のように述べています。

この詩にはキリスト教の匂いがなく、キリスト教が入ってくる以前の「原始的な」感性で歌われているとし、だから日本人も素直に共感できるのではないか——。

柳田さんはまた、「私はこの詩に強烈なリアリティを感じるのだ」とも語っています。講演会に集まった、家族を失った遺族の人々によって口コミで「1000の風」は日本中に広まってゆきました。さまざまな人の葬儀で朗読されたり、追悼文集などに掲載されました。

郷里の高校の同級生の追悼文集でこの詩と出会い、衝撃を受けた人物が、作家の新井満さんでした。新井さんは「1000の風」を一読して、心底からおどろいたそうです。なぜなら、その詩は「生者」ではなく、「死者」が書いた詩だったからです。

追悼文とは、その名のとおり、あとに残された人々が死者を偲《しの》んでつづる「天国へ送る手紙」です。しかし、この詩は、死者が天国で書いて「天国から送り届けてきた返信」ともいうべき内容なのです。新井さんは、そのような詩に生まれてはじめて出会って、素直にびっくりしてしまったのです。そして、「この詩には、不思議な力があるな」と感じたそうです。その力が読む者の魂をゆさぶり、浄化し、忘れはてていた、とても大切なことを思い出させてくれるのだと感じたそうです。

新井さんは、この不思議な力をもつ詩に曲をつけてみたいと思い立ち、自身による新訳にメロディーをつけました。

それが、「千の風になって」です。

CDやDVDにもなって大ヒットし、いまでは現実の葬儀でも、この曲を流してほしいというリクエストが絶えません。喪失の悲しみを癒す「死者からのメッセージソング」として絶大な支持を受けています。

さて、「1000の風」を書いた作者の思想は、アニミズムに近いようです。いわゆる自然崇拝ですね。二十一世紀の現代においてはきわめて少数派ですが、ニュージーランドのマオリ、オーストラリアのアボリジニ、ヨーロッパのケルト、それに日本のアイヌなどの人々が同じような世界観や死生観をもっています。しかし、この詩が英語で書かれていることと、この詩によく似たフレーズをアメリカ先住民族の伝承の中に見ることができることから、新井さんはネイティブ・アメリカンが作者ではないかと考え、ずばり、ナバホ族の人間だろうと推理しています。現在では、この詩はアメリカ人女性メアリー・フライの作品という説が有力のようですが、わたしも、「1000の風」は、ネイティブ・アメリカンの哲学の中から生まれてきた言葉であると思います。たとえば、彼らは次のような詩も残しています。

長い間、わたしは君とともに生きてきた。
そして今、わたしたちは別々に行かなければならない、
一緒になるために。
恐らくわたしは風になって
君の静かな水面を曇らせるだろう、

君が自分の顔を、あまりしげしげと見ないように。
恐らくわたしは星になって
君の危なっかしい翼を導いてあげるだろう、
夜でも方角がわかるように。
恐らくわたしは火になって
君の思考をえり分けてあげるだろう、
君が諦めることのないように。
恐らくわたしは雨になって
大地の蓋《ふた》をあけるだろう、
君の種子が落ちてゆけるように。
恐らくわたしは雪になって
君の花弁を眠らせるだろう、

春になって、花開くことができるように。
恐らくわたしは小川となって
岩の上で歌を奏でるだろう、
君独りにさせないために。
恐らくわたしは新しい山になるだろう、
君にいつでも帰る家があるように。

（『今日は死ぬのにもってこいの日』N・ウッド著　金関寿夫訳　めるくまーる）

ネイティブ・アメリカンの人々は、自然界における自分の位置を知っているがゆえに、死を少しも恐れないのでしょう。
しかし、考えてみれば、もともと日本人の祖霊観は、きわめて「100の風」の世界に近いものです。それは日本民俗学の事実上のスタートとされている柳田國男《やなぎたくにお》の『先祖の話』の内容からも明らかです。

死者は近くの山や森林に上って、そこから子孫を見守る。そして、風や光や雪や雨となって、子孫を助ける。正月には「年神《としがみ》さま」、お盆には「ご先祖さま」というかたちで、愛する子孫を守ってくれる。

死者はどこか遠い世界ではなく、残された者のすぐ近くの自然の中にいるのです。だから、風が吹いたら、あなたの愛する人を思い出してください。雨や雪が降ったら、思い出してください。山を見たら、海を見たら、思い出してください。そして、夜空にかかる月を見たら思い出してください。

あなたの愛する死者は、いつも、あなたの近くにいます。

第

四

信

いのち

永遠につながっています

今夜は、「いのち」について考えてみたいと思います。あなたの愛する人は亡くなりました。亡くなったということは、いのちを失ったということと考えられています。では、いのちとは何でしょうか。

わたしたちは、「いのちを大切に」などと言います。しかし、いのちは実体をもちません。かたちはありませんし、その姿も見えません。人間に限らず鳥でも魚でもアメーバでも、生物にはすべて姿があり、したがって実体があります。いのちは、実体ある生物が生きてゆく原動力というべきものです。それなのに、いのち自体が実体のない非物質的なものであるということは、たいへん不思議な話ですね。

「いのち」を「生命」と言い換えてみましょう。生命には情報が込められています。そして、DNA《ディーエヌエー》という細長い分子が生命の情報を伝えています。親から子に生命の情報が伝えられることを「遺伝《いでん》」と呼びます。

DNAについては、情報をダビングできるカセットテープのようなものをイメージすると、わかりやすいでしょう。

約四十億年前の地球。海の中には熱湯が噴出しており、いろいろな原子がくっついて分子になりました。その中から偶然に遺伝情報を担《にな》う分子が出現したとされています。それは、短いテープのようなものだったでしょう。しかし、このテープはある性質をもっていました。自ら長くなることができたのです。また、そのテープに記録されている情報を新しいテープにダビングすることもできました。その結果、自分と同じ情報をもったテープを増やすことができたのです。

話は変わります。二千五百年前の中国に、生命を不滅にするための方法を考えた人がいました。孔子です。彼は、なんと、人間が死なないための方法を考え出したのです。

その考えは、「孝《こう》」という一文字に集約されます。

「孝」とは何か。あらゆる人には祖先があり、多くの人には子孫というものがあります。祖先とは過去であり、子孫とは未来です。その過去と未来をつなぐ中間に現在があり、現在は現実の親子によって表わされる。すなわち、親は将来の祖先であり、子は将来の子孫の出発点。ですから、子の親に対する関係は、子孫の祖先に対する関係でもあるのです。

孔子の開いた儒教は、そこで次の三つのことを人間の「つとめ」として打ち出しました。一つ目は、祖先祭祀《そせんさいし》をすること。仏教でいえば、先《せん》祖供養《ぞくよう》をすることですね。二つ目は、家庭において子が親を愛し、かつ敬《うやま》うこと。三つ目は、子孫一族が続くこと。そして、この三つの「つとめ」を合わせたものこそが「孝」なのです。

「孝」というと、ほとんどの人は、子の親に対する絶対的服従の道徳といった誤解をしています。それは完全な間違いです。

死んでも、なつかしいこの世に再び帰ってくる「招魂再生《しょうこんさいせい》」の死生観と結びついて生まれた観念が「孝」というものの正体なのです。これによって、古代中国の人々は死への恐怖をやわらげました。なぜなら、「孝」があれば、人は死なないからです。

それは、こういうことです。日本における儒教研究の第一人者である中国哲学者の加地伸行氏によれば、死の観念と結びついた「孝」は、次に死を逆転して「生命の連続」という観念を生み出しました。亡くなった先祖の供養をすること、つまり祖先祭祀とは、祖先の存在を確認することなのです。祖先があるということは、祖先から自分に至るまで確実に生命が続いてきたということになります。さらには、自分という個体は死によってやむをえず消滅するけれども、もし子孫があれば、自分の生命は生き残っていくことになります。

だとすると、現在生きているわたしたちは、自らの生命の糸をたぐっていくと、はるかな過去にも、はるかな未来にも、祖先も子孫も含め、みなと一緒に共に生きていることになります。

わたしたちは個体としての生物ではなくひとつの生命として、過去も現在も未来も一緒に生きるわけです。これが儒教のいう「孝」であり、それは「生命の連続」を自覚するということなのです。ここにおいて、「死」へのまなざしは「生」へのまなざしへと一気に逆転します。

この孔子にはじまる死生観は、明らかに生命科学におけるDNAに通じています。とくに、イギリスの生物学者リチャード・ドーキンスが唱《とな》えた「利己的遺伝子《りこてきいでんし》」という考え方によく似ています。生物の肉体はひとつの乗り物にすぎないのであって、生き残り続けるために、生物の遺伝子はその乗り物を次々に乗り換えていくといった考え方です。なぜなら、個体には死があるので、生殖によってコピーをつくり、次の肉体を残し、そこに乗り移るわけです。子は親のコピーなのです。

「遺体」とは「死体」という意味ではありません。人間の死んだ体ではなく、文字通り「遺《のこ》した体」というのが、「遺体」の本当の意味です。つまり遺体とは、自分がこの世に遺していった身体、すなわち「子」なのです。あなたは、あなたの祖先の遺体であり、ご両親の遺体なのです。あなたが、いま生きているということは、祖先やご両親の生命も一緒に生きているのです。

いかがですか。「孝」についての考え方を知ってしまえば、もう個体としての死など怖くなくなるのではありませんか。こうした前向きな死への覚悟は、次のようなネイティブ・アメリカンの詩からも読み取ることができます。

今日は死ぬのにもってこいの日だ。
生きているものすべてが、わたしと呼吸を合わせている。
すべての声が、わたしの中で合唱している。
すべての美が、わたしの目の前で休もうとしてやって来た。
あらゆる悪い考えは、わたしから立ち去っていった。
今日は死ぬのにもってこいの日だ。
わたしの土地は、わたしを静かに取り巻いている。
わたしの畑は、もう耕されることはない。
わたしの家は、笑い声に満ちている。

子どもたちは、うちに帰ってきた。

そう、今日は死ぬのにもってこいの日だ。

（『今日は死ぬのにもってこいの日』N・ウッド著　金関寿夫訳　めるくまーる）


この詩の死生観にも、「孝」の思想が流れていると思いませんか。

このように、「孝」はDNAにも通じる大いなる生命観なのです。

「孝」があれば人は死なないとは、そういうことです。

あなたが祖先の祭祀を行ない、子孫の繁栄を願うことは、あなたが死なないためでもあるのです。

いのちは、つながっているのです！

第
五
信

受容

死は不幸ではありません

あなたの愛する人は亡くなりました。つまり、死んだのです。

日本人は、人の死を「不幸」と呼んで忌《い》み嫌うところがあります。高齢化が進んでも、まだ死をタブー視する傾向は根強く残っています。

しかし、絶対に死をタブー視してはいけません。わたしたちの人生に対する自由な考え方を束縛《そくばく》します。死について率直《そっちょく》に話すことができないと、真に人間的なコミュニケーションを深めることができなくなります。わたしたちの生への意欲までも減退させる結果になるのです。

ドイツ人でありながら、わが国の死生学の第一人者であったアルフォンス・デーケンは、著書『死とどう向き合うか』（NHK出版）において、「別離と死にまつわる感情は、愛や苦悩、喜びや悲しみと同じように人間の最も根源的な体験です。これからは死を自然な現象として受けとめて、自由に語り合えるような新しい死の文化を創造して行くことが必要でしょう。それは同時に、これからの新しい生き方を探る道にもなるからです」と述べています。

人間の死の問題を直視し、これに生涯をかけて取り組んだ人物が、スイス生まれの精神科医エリザベス・キューブラー・ロスでした。彼女の関心ははじめ、人間における死に際しての心理学的問題でした。彼女は世界的ベストセラーになった著書『死ぬ瞬間』（中公文庫）の中で、死に直面した人間の態度には次のように段階があると述べました。

第一段階は、「否認」です。もはや避けられない死に直面して、人はそれを絶対に認めません。医師の診断は誤診に違いないと思い込もうとします。

第二段階は、「怒り」です。自分が死ぬという事実が否定できないことがわかると、怒りとともに「なぜ、いま、わたしが死ななければならないのか」という疑問が生じます。この怒りは看護にあたる医療関係者や家族に向けられることが多いかもしれませんが、怒りそのものは「わたしは生きている」という患者の自己主張であり、決して周囲の人々を本気で恨んでいるわけではありません。

第三段階は、「取り引き」です。怒りがおさまると、神や死神に対して何らかの申し出をし、何らかの約束を結ぶことを思いつきます。もし生かしてくれれば、これこれのことをかならずする、と。神や死神と取り引きができれば、もしかすると、この忌《い》まわしい出来事をもう少し先に延ばせるかもしれない、と考えるのです。

第四段階は、「抑うつ」です。もはや自分の死を否認できなくなり、そして取り引きも成り立たないことがわかると、人は大きなものをなくしたという喪失感に襲われ、うつ状態を引き起こします。

第五段階は、「受容」です。すべての望みが断たれて、はじめて人は死を認め、それを受け入れはじめるのです。この受容とともに、意識は透明な輝き、そして広大な広がりをもったものになります。苦しい闘争は終わり、長い旅路の前の休息のときが来ます。

以上が、五段階からなる有名な「死へのプロセス」と呼ばれるものですね。しかし、ロス自身が語っているように、それは直線的な時間の流れの特定の場所に打たれた句読点《くとうてん》ではありません。すべての人がその五段階の全部を通過するわけでもなければ、予定どおりの順番で通過するわけでもありません。

ロスは最晩年の著書『永遠の別れ』で、五段階を知ることだけが重要なのではないとしたうえで、「生の喪失だけが重要なのではない。重要なのは、生きられた生である」と述べています。

五段階の先には第六段階としての「希望」があります。とくに死後の生命を信じる患者の場合は、さらに進んで希望を抱くものです。キリスト教徒に多く見られるように、天国で愛する人とかならず再会できるという希望と確信を抱く人がいます。そのような人は、死を超えた生命を信じながら、平安のうちに死を迎えることができます。

「死の受容」というテーマをもちながらも、最初は死に際しての心理学的問題にしか関心のなかったロスでしたが、死の研究を続けていくうちに、もっと根源的な「死とは何か」という問題に直面しました。多くの死にゆく患者との対話を経て、「死後の生」と「転生《てんせい》」は彼女にとって疑問の余地のない事実となったのです。

ロスは、死の研究における総括篇といえる著書『新・死ぬ瞬間』に「死は人生のクライマックス、卒業であり、新たな『こんにちは』の前の『さようなら』、そして新たな始まりの前の終わりである。死は大いなる移行といえよう」と書いています。

ロスは、決して死を恐れることはないのだということを死にゆく患者や家族に訴え続けましたが、その表現にも気をつかいました。彼女は、よく蝶《ちょう》を使って死を表現しました。

なぜ蝶なのか――。

ロスは、マイダネクのユダヤ人強制収容所で、子どもたちが描いたおびただしい数の蝶の絵を観たとき、強烈な印象を受けたのです。その後、二十五年間もその意味を考え続けてきましたが、ある日、ついに気づいたそうです。

子どもたちは蝶になって、地獄のような収容所から自由な世界に飛んでゆくことを夢見ていたのだと。そして、わたしたちも、人生を卒業したら、蝶が繭《まゆ》から抜け出すように体から抜け出る。それが死なのだと。蝶はギリシャ語で「プシュケー」といいます。「魂《たましい》」という意味もあります。ギリシャ人にとっては、魂イコール蝶だったのです。中国でも、「胡蝶《こちょう》の夢」に代表されるように、蝶は魂そのものです。

日本にも魂が蝶になるという蝶伝説が残っています。蝶が魂であるというのは、人類の普遍的なイメージなのかもしれません。

魂が蝶なら、人間の肉体とは繭。繭はまるでその中に生命がないように見えます。しかし、これという時機が来れば、どの繭もみんなぱっと開いて、その中から蝶という魂が抜け出すのです。ロスは、母親が重病で死にそうな小さな女の子にやさしく語りかけました。

「死ぬって決してそれで終わりなのではないのよ。埋められ、あるいは火葬された肉体は貝殻なのよ。ちょうど繭が〝チョウのための家〟であったと同じなの。そしてチョウチョウは繭よりもずっと美しいし、自由なのよ。チョウは繭から出るとすぐに飛んでいってしまう、わたしたちには見えなくなってしまう。だけど本当はそのとき、チョウチョウはきれいに草花の間を翔び、日光を浴び、しあわせになっているのよ」

死とは、肉体を脱ぎ捨てて生きることだったのです。そして、あなたの愛する人は、いま、蝶のように軽やかに舞っているのです。

第
六
信

死の体験

どこまでも自由です

昨夜は、キューブラー・ロスのお話をしました。

今夜は、ロスと並んで、「死」の問題を直視し、それを追求した人物のことをお話ししましょう。その人の名は、レイモンド・ムーディー。アメリカの哲学博士および医学博士です。

一九六〇年代半ば、ロスが死の研究をはじめた頃、ヴァージニア大学の若き哲学者ムーディーは臨死体験の記録を集めはじめました。臨死体験とは、医師から死の宣告を受けたにもかかわらず、奇跡的に生き返った人の体験です。

彼は十一年間、臨死体験記録を集め続けましたが、同じような研究をしているロスという人物の名前も知りませんでした。

ムーディーはノースカロライナ州東部の大学で哲学を教えた後、自分は医者になるべきだと考えました。そして、医学の学位を取りました。

その間に収集した臨死体験談は百五十ほどになり、それらにはすべて基本的な共通点があったといいます。

非常な衝撃を受けた彼は、『かいまみた死後の世界』（評論社）という本を著《あらわ》しました。編集者からその校正刷を送られたキューブラー・ロスは、自分も同じような本を書きたかったのだと打ち明けたそうです。

『かいまみた死後の世界』は一九七七年に出版され、全米でベストセラーとなりました。この研究によって臨死体験ははじめてオカルトや宗教的な現象としてではなく、哲学、心理学、医学の研究対象としてみなされるようになったのです。

この本が出版される前は、死に関する話題はアメリカでもタブーでした。多くの医師は臨死体験を患者の精神異常による幻覚として片付けていました。患者は珍しい体験をしても、それを医師に話すような雰囲気ではなかったのです。
しかし、ムーディーの開拓的な研究によって、そのような状況も変化しました。この本にあげられた事例のすべてにはおどろくほどの共通点が見られますが、ムーディーはさらにその後の調査をまとめた著書『続かいまみた死後の世界』において、臨死体験の一般的特徴を次のように十三の項目にまとめました。

一人の男性が死に近づいています。肉体的苦痛が頂点に達したとき——
①医師が自分の臨終《りんじゅう》を宣告するのを聞きます。
②耳障《みみざわ》りな音が聞こえはじめます。その音はワァーンという大音響だったり、ブーンとうなるような音だったり、さまざまです。
③同時に、長いトンネルの中をすごいスピードで通り抜けていくよ

うな感覚があります。このトンネルを抜けると、

④ 突然、自分が自分自身の物理的肉体を遊離したのがわかります。しかし、まだ自分の物理的肉体のすぐ近くにいます。一人の傍観者として、みんなが自分を生き返らせようと動き回っているのを見ます。すぐに気持ちも平静になり、この奇妙な状態に慣れてきます。自分の「身体」はあるのですが、これは先刻脱け出てきた「身体」とは異なった性質のものであり、異なった力を備えるものです。間もなく新しい局面が展開しはじめます。

⑤ 他者に出会うのです。すでに他界している親類や友人もいます。

⑥ そして、いままで会ったこともないような、愛と温かさにあふれる霊的存在、すなわち「光の生命」が出現します。

⑦「光の生命」は自分の生涯の主な出来事をフラッシュ・バックし、質問を発します。もちろん、物理的音声を用いてではありません。

⑧ある時点で、明らかに「この世」と「あの世」との分岐点となっている境界、あるいは限界に近づきますが、自分はまだ死ぬときではないことに気づきます。

⑨ここで、完全な喜び、愛、平和に包まれていたい、物理的肉体に戻りたくないと抵抗します。

⑩しかし、結局は物理的肉体に戻って、蘇生《そせい》します。

⑪自分はこの体験を他人に話そうとするのですが、それはたやすいことではありません。

⑫まず、この世のものではないものを表現する、適当な言葉がない

のです。そのうえ、この話をして、人の笑いの種にもなりたくありません。

⑬　しかし、この体験は、その後の自分の人生に大きな影響を及ぼします。とくに死について、また、死と人生との関わり合いについて、以前とはまったく別の見方をするようになりました。

『続かいまみた死後の世界』では、前作にはなかった臨死体験パターンの新しい事実として「全知全能感」「光あふれる場所」「さまよう霊魂」「超自然の救い主」の四点が発見されたことを報告しています。

その中で、とくに「全知全能感」すなわち、宇宙の本質を一瞬にして洞察するという体験が注目されます。ムーディーは臨死体験の際に全知全能感があったという一人の女性から次のような話を聞き出しました。

「自分の生涯のフラッシュ・バックを見たあとだったように思います。突然、あらゆる全知識――この世の初めから未来永劫に続く全知識――を掌握《しょうあく》したように思えました。一瞬にして、全時代のあらゆる秘密、宇宙、星や月、ありとあらゆるものの持《も》つ意味を悟ったのです。しかし、わたしが物理的肉体に戻ると決めると、この知識は消え失せ、今は何ひとつ思い出せないのです」

わたしたちは死ぬとき、神秘主義者たちが「アカシック・レコード」と呼んだ全宇宙のデータベースを解読し、ムーディーの被験者の女性のように「ありとあらゆるものの持つ意味」を悟ることができるのでしょうか。

古代ギリシャの哲学者プラトンは「知るということは、思い出すということである」という言葉を残しています。わたしたちは、この世に生まれてくる前、すべてを知っており、母親の胎内に宿った瞬間、それを忘れてしまうのかもしれません。この世での一生とは、その忘れてしまった全宇宙の秘密を思い出していく旅だという見方もできるのです。

そして、臨死体験とは、古来からの宗教者などによる「神秘体験」や、宇宙飛行士たちの「宇宙体験」にも通じます。宇宙飛行士たちは、宇宙から地球を見ました。この行為は、神秘体験者や臨死体験者にも共通しています。

臨死体験者たちの中には、体から魂が脱け出し、宇宙空間へ飛び出して地球を見たという者がかなりいます。そう、宇宙船が重力をつきぬけて地球から宇宙へ出てゆくという現象は、いわゆる幽体離脱《ゆうたいりだつ》と同じなのです。臨死体験者たちが、まるで透視力をもったかのように頭が明晰《めいせき》になったり、光を見たりするといった報告も多いのですが、これも神秘体験および宇宙体験のケースと共通しています。

つまり、臨死体験とは、神秘体験であり、宇宙体験なのです。そして、それらはすべて、重力からの解放にもとづく体験なのです。

あなたの愛する人は、物理的肉体の死によって、地球の重力から解放され、宇宙空間を自在に飛び回っていることでしょう。

あなたの愛する人は、いま、どこまでも自由なのです。

第七信

悲しみ

かならず立ち直れます

愛する人を亡くしたあなたは、大きな悲しみの中にいるはずです。わたしたちの人生とは、ある意味で「出会い」と「別れ」の連続であり、別れにともなう「悲しみ」も影のように人生についてまわります。

愛する人を亡くすか、あるいは、それを予期しなければならない立場に立たされた人は、かならずといっていいほど、「悲嘆《ひたん》のプロセス」と呼ばれる一連の心の働きを経験させられるようです。

前にキューブラー・ロスによる「死へのプロセス」のお話をしました。死にゆく患者は、さまざまな段階を経て、死を受け入れていきます。同じように、患者の家族も、愛する人の死を予期したときから、「準備的悲嘆」と呼ばれる一連の悲しみを経験します。そして、実際に死別に直面したのち、さらにいくつかの段階を経て、その衝撃から立ち直ってゆくのです。

死生学を提唱したアルフォンス・デーケンは、「悲嘆教育」と訳されるグリーフ・エデュケーションを提唱しました。愛する人を亡くしたとき、どういう状態に陥ることが多いのか、どんな段階を経て立ち直ってゆくのか、悲嘆のプロセスを十分に昇華できなかった場合はどんな状態に陥る危険性があるのかなど、人間として誰もが味わう死別の悲しみについて学ぶのがグリーフ・エデュケーションです。

悲嘆のプロセスの途中で、それとは気づかずに健康を損《そこ》なう人がいかに多いかを考えると、これは予防医学としても大切な課題であると、デーケンは述べています。

古来から、愛する人を亡くした悲しみが、「ブロークン・ハート」と呼ばれる失意の死をもたらすことはよく知られています。現代でも、悲しみのプロセスをうまく乗り切れなかったために、がん、脳卒中、心臓病などを発病したケースは決して少なくありません。

ブロークン・ハートは「胸がはりさける」悲しみです。この悲しみが、残された人々の生命力を低下させ、死に至る重い病気を引き起こす力をもっているのです。ブロークン・ハートに陥らないためにも、悲嘆のプロセスについて正しく知る必要があります。

デーケンは、欧米や日本で、たくさんの末期患者とその家族、また患者が亡くなったあとの遺族たちのカウンセリングに携《たずさ》わってきました。一人ひとりの人生がそれぞれかけがえのないものであるように、愛する人を亡くすという体験とそれにともなう悲しみのプロセスも、人それぞれです。

しかし、デーケンによれば、風土、習慣、言語は違っていても、みな同じ人間である以上、そこにはある程度まで共通するパターンが見られるといいます。これから、デーケンによる「悲嘆のプロセス」の十二段階を紹介したいと思います。

① 精神的打撃と麻痺《まひ》状態

愛する人を亡くすと、その衝撃によって一時的に現実感覚が麻痺します。頭の中が真空になったようで、何もわからなくなってしまいます。心身のショックを少しでもやわらげようとする、心理学でいう防衛規制です。

② 否認

感情だけでなく、理性も愛する人の死という事実を認めません。あの人が死ぬはずはない、きっとどこかで生きている、かならず元気になって帰ってくる、などと思い込みます。

③パニック

身近な人の死に直面した恐怖から、極度のパニック状態になります。悲しみのプロセスの初期にしばしば見られる現象です。

④怒りと不当感

ショックがややおさまると、悲しみと同時に、自分は不当な苦しみを負わされたという激しい怒りが湧き起こります。がんのように、かなり長期間の看病が必要な場合には、怒りはやや弱められ、穏やかに経過することが多いようです。ある程度、心の準備ができるのでしょう。反対に強い怒りが爆発的に現われるのが、心臓発作などの急病や、災害、事故、暴力、自殺などによる突然の死のあとです。

⑤敵意とうらみ《ルサンチマン》

残された人々は、亡くなった人や周囲の人に対して、敵意やうらみの感情をぶつけます。

もっともその対象になるのは、最後まで故人のそばにいた医療関係者です。次に、死別の直後に対面する葬儀業者にぶつけることが多いようです。日常的に死を扱う側と、かけがえのない肉親の死に動転している遺族側との感情が行き違うことが原因と思われます。

自分を残して亡くなった死者を責める場合も少なくありません。

⑥ 罪意識

過去の行ないを悔やんで、自分を責めます。

「あの人が生きているうちに、もっとこうしてあげればよかった」「あのとき、あんなことをしなければ、まだまだ元気でいたかもしれない」などと考えて、後悔の念にさいなまれるのです。代表的な悲嘆の反応です。

⑦ 空想形成、幻想

空想の中で、亡くなった人がまだ生きているかのように思い込みます。また、故人の食事の支度《したく》や着替えの準備など、実生活でも空想を信じて行動します。

⑧ 孤独感と抑うつ

葬儀などの慌《あわただ》しさが一段落すると、訪れる人も途絶えがちになります。独りぼっちになった寂しさが、ひしひしと身に迫ってきます。だんだん人間嫌いになったり、気分が沈んで自分の部屋に引きこもることが増える人もいます。誘われても、外出する気になれません。

⑨ 精神的混乱と無関心《アパシー》

愛する人を亡くし、日々の生活目標を見失った空虚さから、どうしていいかわからなくなります。まったくやる気をなくした状態に陥り、仕事や家事も手につきません。

⑩　あきらめ―受容

日本語の「あきらめる」には、「明らかにする」という意味があるそうです。愛する人はもうこの世にはいないという現実を「明らか」に見つめて、それを受け入れようとする努力がはじまります。受容とは、ただ運命に押し流されることではありません。事実を積極的に受け入れていく行為なのです。

⑪　新しい希望―ユーモアと笑いの再発見

死別の悲しみの中にあるとき、誰でもこの暗黒の時間が永遠に続くように思います。しかし、いつかはかならず希望の光が射し込んできます。それは、忘れていた微笑みが戻り、ユーモアのセンスがよみがえることからはじまります。ユーモアと笑いは健康的な生活に欠かせないものであり、次の新しい一歩を踏みだそうとする希望の生まれた印でもあります。

⑫ 立ち直りの段階—新しいアイデンティティの誕生

悲嘆のプロセスを乗り越えるというのは、愛する人を亡くす以前の自分に戻ることではありません。深い悲しみにもだえた人は、苦しい経験を通じて、新しいアイデンティティを獲得したのです。以前よりも成熟した人格へと成長しているのです。

以上が、デーケンが唱える「悲嘆のプロセス」です。とても大きな人間愛に支えられた、素晴らしい考え方だと思います。

ぜひ、あなたにもこのプロセスを知っていただき、いつかは悲しみで満ちたあなたの心に希望の光が射してくることを願っています。

第
八
信

癒し

愛する人が望んでいます

わたしは日々、愛する人を亡くした人に接しています。

そのたびに、亡くなった人を想って涙を流す姿は美しいと感じます。人を亡くして悲しむのは、その人を愛していたからであり、自分の死に対して泣いてくれる人がいるとは、なんと幸せなことでしょうか。

人が亡くなると、すぐに「悲しみ」という言葉が連想され、次に「癒《いや》し」という言葉が浮かんできます。いつも、「悲しみ」と「癒し」はセットで使われます。しかし、悲しみはかならず癒されるべきなのでしょうか。そんなに悲しむことは悪いことなのでしょうか。

わたしはそうは思いません。愛する人を亡くして涙を流して悲しむことは、人間としてきわめて自然なことであり、これほど正しいことはないと言えるでしょう。泣くことをがまんしてはいけません。泣くべきときに思い切り泣いておかないと、悲しみの後遺症がいつまでも残ります。

しかし、一方で残された人がいつまでも悲しみに浸っていると、通常の生活に支障が生じてきます。

また、ブロークン・ハートで健康を害したり、最悪の場合は生命を落とすこともあります。また極度の悲しみからくる「うつ」のせいで自ら生命を絶つこともあるでしょう。あなたの亡くしたあの人は、そんなことを決して望んでいないはずです。

今夜は、悲しみを癒すためには何をすればよいかをお話ししたいと思います。アメリカのグリーフ・カウンセラーであるE・A・グロルマンは編著『愛する人を亡くした時』（春秋社）で、「死別の悲しみを癒すための十の指針」というものを紹介しています。次のとおりです。

①どのような感情もすべて受け入れよう。
②感情を外に表わそう。
③悲しみが一夜にして癒えるなどとは思わないように。
④わが子とともに悲しみを癒そう。
⑤孤独の世界へ逃げ込むのは、悲しみを癒す間違った方法。
⑥友人は大切な存在。
⑦自助グループの力を借りて、自分や他の人を助けよう。
⑧カウンセリングを受けることも、悲しみを癒すのに役に立つ。
⑨自分を大切に。
⑩愛する人との死別という苦しい体験を、意味ある体験に変えるよう努力しよう。

ポイントを的確に押さえ、よくまとまった指針であると思います。

この指針はアメリカの社会から生まれたものですが、日本では、長年、配偶者を亡くした遺族の方々を相手に面接相談し続けた東洋英和女学院大学大学院の平山正実《まさみ》教授が、「悲しみを癒すための十か条」を提案されています。それを紹介したいと思います。

第一条、悲しみにはいろいろな側面があることに気づく

悲しい出来事というものをいろいろな側面から見ることができる心のゆとりをもつことが、悲しみを克服する糸口となるということです。たしかに愛する人を亡くす悲しみによって、他人に対してはじめて優しくなれるのかもしれません。

第二条、死別の悲しみの中にある自分を対象化し、別の角度から自分を

見直す

悲しみに対して「自分の立場」でしか考えないのはいけません。「他者の立場」「人類全体の立場」「神仏の立場」など、何らかの自分を超えた立場から自らの喪《も》の体験を普遍化《ふへんか》し、共有化しようということです。

第三条、自分の悲しみを表現しよう

悲しみの表現とは、追悼集を作る、亡くなった人を悼《いた》む気持ちを短歌や俳句によって表現したりすることです。絵や音楽、映画などを鑑賞することでも、悲しみは癒されるといいます。

第四条、悲しみを癒すために設けられている社会的資源を利用する

自助グループや電話相談、カウンセリングなど、現代の日本にも、アメリカなみに悲しみを癒す社会的資源が整えられつつあります。

第五条、過去の受苦体験をふりかえってみる

長い人生の途上において、どんな人でもさまざまな苦しい体験をもっています。失恋、離別、受験や就職の失敗、解雇《かいこ》、破産、病気、裏切りなどの挫折《ざせつ》体験を思い出し、あの苦しみから自分はどうやって立ち直ったのかということを回想してみることで、「あんなに苦しい体験を乗り越えられたのだから、今回の苦しみもきっと乗り越えられる」と思うようにすることで癒されるといいます。

第六条、亡くなった人は、生きている者に多くのものを与えてくれる

亡くなった人が残してくれた贈り物とは、人を愛することの素晴らしさ、人間の生き方の奥深さ、人情、思いやり、感謝の気持ち、そして思い出などです。死者からの贈り物について考えてみることで、癒されるといいます。

第七条、死別体験を喪失ととらえず解放としてとらえてみる

配偶者を亡くすことは淋《さび》しく、悲しいことですが、それと引き替えに、自由が得られるというプラス面もあるのではないでしょうか。独身時代に戻ったような若やいだ気分になり、趣味に没頭《ぼっとう》したり、新しい恋人を見つけたりできるという風に考えてみようということです。

第八条、夢のもつ癒しの力に注目する

亡くなった人とは、夢の中でのみ生き生きとした出会いを経験できるということです。残された人にとっては、いまは亡き愛する人と出会う夢こそが現実であり、この世は仮の世界にすぎません。悲しみ、悩み、病んでいる人が、夢で故人と会うことによって癒されることは珍しいことではありません。

第九条、悲しみの緩和剤《かんわざい》としての信仰

信仰があれば、死というものに意味を与えることができます。キリスト教徒ならば、「この世での役目を終えたので、神のもとに召《め》されたのだ」と考え、仏教徒ならば「この世の苦悩《くのう》から解放され、仏のいる彼岸《ひがん》の世界に渡ったのだ」と考えることができます。亡き人の居場所がはっきりすることは、残された者の悲しみを大いに癒してくれます。

第十条、悲しみを社会化してみる

社会化とは、亡くなった人の遺志《いし》を生かして、残された人が何らかの行動を起こすことです。たとえば、歌手のカレン・カーペンターは拒食《きょしょく》症で早死にしましたが、その両親は遺産の一部を使って拒食症の研究機関を設立しました。また、がんで亡くなった俳優のジョン・ウェインは生前から、がん研究基金を集め、死後はその遺族が研究所を完成させました。ボランティア団体などで活動することも、立派な悲しみの社会化です。他人のために少しでも役立ちたい、悲しんでいる人を少しでも助けたい、そして自分も癒されたいという思いが、そこにはあります。悲しみを社会化する中で、愛する人を亡くしたことの意味はさらに深まってゆきます。それが残された人の生きるエネルギーとなれば、こんなに素晴らしいことはありません。

以上が、平山正実教授が提唱する「悲しみを癒すための十か条」です。わたしなりの考えも少し加えてありますが、この中にあなたの悲しみを癒すための方法がきっと見つかるはずです。そしてあなたの愛する人は、それを望んでいます。

第
九
信

学び

得るものがあります

わたしは冠婚葬祭業者として、日々さまざまな儀式にふれる中で、いつも思うことがあります。それは、すべての通過儀礼の本質とは卒業式ではないかということです。

七五三は乳児や幼児からの卒業式であり、成人式は子どもからの卒業式。そして、結婚式というのも、やはり卒業式だと思います。

結婚披露宴で一番感動を呼び、参列者のあいだに共感を生むもの、それは花嫁による両親への感謝の手紙です。そこには、いままで育ててくれた両親への感謝の言葉とともに、家族から巣立ってゆくことの寂しさ、そして夫となる人とともに新しい家族を築いていくことへの希望と決意が述べられています。

なぜ、昔から新婦の父親は結婚式で涙を流すのか。それは、結婚式とは卒業式であり、自らが校長である家庭という学校から卒業してゆく娘を愛しく思うからでしょう。

そして、葬儀とはもっとも大きな卒業式です。なぜなら、人生そのもののの卒業式だからです。人生の正体は学校のようなものだと、これまでにも多くの人々によって言われてきました。

脳腫瘍の九歳の男の子に宛てられた手紙には、こう書かれています。

人生は学校みたいなもの。
いろいろなことを　まなべるの。
たとえば、まわりの人たちと
うまくやっていくこと。
自分の気持ちを　理解すること。
自分に、そして　人に　正直でいること。

そして、人に　愛を　あたえたり
人から　愛を　もらったりすること。
そして、こうしたテストに
ぜんぶ合格したら
（ほんとの学校みたいだね）
私たちは　卒業できるのです。

（『ダギーへの手紙』E・キューブラー・ロス文　アグネス・チャン訳　佼成出版社）

学校とは、学びの場です。わたしたちは、学ぶために、わざわざ生まれてきたのです。スピリチュアルな考え方では、人生とは、自分で自分に与えた問題集であるとされています。そこでは、人間関係のトラブル、貧困、病気、障害、そして死などの、さまざまな「思いどおりにならないこと」、つまりさまざまな「試練」を組み合わせて自ら問題集を作成する。そして、それを解くことこそが人生の目的なのだというのです。いわば、自分で目標管理シートを書くようなものですね。

その「人生という問題集」の中で、人間としてもっとも大切なことは何でしょうか。それは、魂を成長させることです。さまざまな試練を通じ、学びを積んで魂を成長させるために、人間はこの宇宙の中に存在しているのです。

わたしたちは、なぜ生まれてくるのか。

それは、生まれてこなければ経験できない貴重な学びの機会があるからこそ生まれてくるのです。その機会、つまり「貧」や「病」や「争」などの「思いどおりにならないこと」を通じて学ぶことこそが、人間として生きる目的であり、意味なのかもしれません。

わたしたちが学ぶのは、魂の成長のためであると言いました。魂の成長といっても、さまざまなステージがあり、それによって難易度が異なります。はっきり言って、何の不自由もない平穏無事な生涯を送ることは小学校レベルの問題集です。

一方、「見えない、聞こえない、話せない」の三重苦で知られるヘレン・ケラーや、両手・両足を失った中村久子のような方の人生とは、大学院レベルのもっとも難しい問題集なのです。この二人は、超難解な問題集を途中で投げ出さず、学校から逃げ出しませんでした。つまり、自らの命を絶たずに、これらの難問を見事に解いて、「この世」という学校を堂々と卒業していったのです。

まさに、重い障害を抱えながらも人生を見事に生ききった方々は、人類を代表して卒業証書を授与される資格のある偉人だと、わたしは心から思います。

現実の世界で学校を卒業する際にもっとも多く使われる言葉は何でしょうか。それはやはり、「さようなら」でしょう。卒業とは、別れです。卒業の別れはセンチメンタルで悲しくはあるけれど、決して不幸な出来事ではありません。

卒業してゆく者にとって、その先には新しい世界や経験や仲間が待っているのであり、卒業とは旅立ちでもあるのです。だから「さようなら」の次に卒業式で使われる言葉は「おめでとう」であり、「ありがとう」へと続くのです。

それと、死という人生の卒業もまったく同じことです。たしかに死は悲しいものですが、不幸な出来事ではありません。誰だって、親や配偶者や子どもや恋人が死んだら、悲しいはずです。わたしだって、とても悲しいです。

しかし、その悲しさとは、実は死そのものの悲しさではなく、愛する者と別れる寂しさからくる悲しさなのです。別れの寂しさを死そのものの悲しさと混同してはなりません。死とは、人生という名の学校を卒業して次の世界に進むプロセスであることを知りましょう。

愛する人の卒業は、残された人々にも「学び」を与えてくれます。

『新約聖書』の「マタイによる福音書」五章四節には、「悲しむ人は、幸《さいわ》いである。その人は慰《なぐさ》められる」という言葉が記されています。これは有名なイエスの「山上《さんじょう》の垂訓《すいくん》」の中の言葉です。愛する人を亡くした悲しみによって、残された者は何を学ぶのか。第一に「優《やさ》しさ」というものがあげられます。

「優しい」という文字は「人」と「憂」からできています。つまり「人に憂《うれ》いがある」ということです。大きな悲しみによって憂うることで、人間ははじめて本当の優しさを知ることができるのです。

また、『旧約聖書外典』の「ベン・シラの知恵」には次のような言葉が記されています。

なんじいたく泣き、
心をこめて嘆き悲しむべし。
人にそしられぬごと、一日または二日
死者にふさわしく喪に服せよ。
かくてなんじ悲しみの慰めを得よ。
忘るな、再び帰り来たることあらじ。
なんじはもはや死せる者を益せず。

かえっておのがからだをそこなわん。
わが身に起こりしことを覚えよ。
なんじの定めもまたこれに等しからん。
きのうは我のこと、今日はなんじのことなり。

（『旧約聖書外典』　日本聖公会出版事業部）

古代ギリシャの哲学者プラトンは、「哲学とは死の予行演習である」と述べました。愛する人の死によって、残された者は人生や生命や宇宙について考え、さまざまなことを学びます。そこから貴重な知恵を与えられます。「死」は学びの宝庫なのです。
そして、残された人々は、愛する人の死から多くを学び、その後も自らの学びの人生を歩んでゆくのではないでしょうか。

第十信

愛

もっとも価値あるものです

今夜は、愛についてお話ししたいと思います。

愛は、人間にとって、もっとも価値あるものです。実話にしろ、フィクションにしろ、さまざまな愛の物語が、わたしたちの魂を揺さぶってきました。恋人の少女が白血病という難病に冒《おか》されたというストーリーの純愛小説『世界の中心で、愛をさけぶ』（片山恭一著、小学館）に多くの人々が感動しました。

「韓流《はんりゅう》」も多くの日本人の間に感動を呼びました。ヨン様ことペ・ヨンジュンが主演したドラマ「冬のソナタ」に多くの人々が涙を流しました。同じく彼が主演した映画「四月の雪」など、韓国映画には感動の名作がたくさんあります。

韓国映画に限らず、ハリウッド映画である「タイタニック」や「きみに読む物語」にしろ、日本映画の「ホタル」や「男たちの大和／YAM

ATO」にしろ、ハンカチなしには観られない人が多かったようです。

これらの映画には、ある一つの共通項があります。すべての作品が、「愛」と「死」の二つのテーマをもっていることです。考えてみれば、古代のギリシャ悲劇からシェークスピアの『ロミオとジュリエット』、伊藤左千夫の『野菊の墓』といった古今東西の感動の名作は、すべて「愛」と「死」をテーマにした作品であることに気づきます。

「愛」はもちろん人間にとってもっとも価値のあるものです。「愛」をただ「愛」として語り、描くだけではその本来の姿は決して見えてきません。そこに登場するのが、人類最大のテーマである「死」です。「死」の存在があってはじめて、「愛」はその輪郭《りんかく》を明らかにし、強い輝きを放つのではないでしょうか。「死」があってこそ、「愛」が光るのです。そこに感動が生まれるのです。

逆に、「愛」の存在があって、はじめて人間は自らの「死」を直視できるとも言えます。ラ・ロシュフーコーというフランス人が「太陽と死は直視できない」と有名な言葉を残しています。たしかに太陽も死もそのまま見つめることはできません。しかし、サングラスをかければ太陽を見ることはできます。同じように「死」という直視できないものを見るためのサングラスこそ「愛」ではないでしょうか。

誰だって死ぬのは怖いし、自分の死をストレートに考えることは困難です。しかし、愛する恋人、愛する妻や夫、愛するわが子、愛するわが孫の存在があったとしたらどうでしょうか。人は心から愛するものがあってはじめて、自らの死を乗り越え、永遠の時間の中で生きることができるのです。いずれにせよ、「愛」も「死」も、それぞれそのままでは見つめることができず、お互いの存在があってこそ、はじめて見つめることが可能になります。

「愛」と「死」に真正面から向き合った素晴らしい作品が日本にあります。その名も、『愛と死をみつめて』。

若い男女の往復書簡集ですが、わたしが生まれた年である一九六三年に刊行され、大ベストセラーとなりました。だいわ文庫から新編集版が出ています。

二十一歳の若さで顔面の軟骨肉腫という不治の病と闘いながらも彼のために生きようとした〝ミコ〟こと大島みち子さん。それを遠く離れた東京から手紙で支える〝マコ〟こと河野実《まこと》さん。お互いを想うあまりの嘘や自殺未遂をも乗り越えた二人でしたが、遂にはミコが帰らぬ人となります。三年一カ月の間に二人が交わした手紙は約四百通にものぼりました。後の『世界の中心で、愛をさけぶ』の原型とされ、セカチュー同様に映画化やドラマ化もされました。セカチューは創作ですが、こちらは正真正銘の事実です。それだけに物語の重みも感動の大きさもセカチューの比ではありません。

だいわ文庫版の最初のページには、次のようなミコの手紙の一節が紹介されています。

「マコ、貴方は私の何なのでしょう。

将来、一緒に暮らせる望みなどこれっぽっちもないのに、

世間の恋人たちのように一度だって腕を組んで歩くこともないのに、

おそらく生涯病院で過ごしてしまう私を、いつも暖かく包んで下さる貴方。

そんな貴方を、ただ、世間の人たちと同じように

恋人です、なんていってていいのでしょうか。
マコは私の神様かもしれませんネ。
幾人かの人たちは信仰を勧めてくれます。
でも私は、マコだけを信じていれば充分のような気がしますもの。」

この、あまりにも健気《けなげ》で、あまりにも悲しい手紙を読み、わたしは泣けて仕方がありませんでした。

ミコとマコは恋人同士でした。でも、愛する人は決して恋人だけに限りません。親、配偶者、子どもといった家族も含まれます。

いずれにしても、愛する人の死は、なぜにこうも悲しいのか。

日々、あなたの知らない人も含め、多くの人々が亡くなっています。

戦争で、テロで、病気で、貧困ゆえの栄養失調で、生まれたばかりの赤ちゃんからお年寄りまで、世界中で数え切れないほど多くの人々が亡くなっています。あなたは、そういった人々の死を悲しまなくてもよいのでしょうか。自分の愛する者の死だけを悲しんでいて、それで許されるのでしょうか。

その問題について考え抜いた人こそ、かの孔子でした。孔子は「仁」や「孝」などの人間愛の大切さも説きましたが、孔子の後に古代中国に登場した墨子《ぼくし》はそれを批判しました。

墨子のグループである墨家《ぼっか》は「兼愛《けんあい》」という一種の博愛主義を主張し、孔子のグループである儒家の説く愛はかたよった「別愛《べつあい》」であると言って攻撃したのです。

「別愛」とは、「愛」する相手を区「別」するということです。

では、どのように区別するのでしょうか。儒家は、愛情は親しさの度合いに比例するとしました。すなわち、もっとも親しい人をもっとも愛し、そのあと、親しさが減ってゆくのに比例して、愛する気持ちが減ってゆくとする、きわめて常識的な考えです。

そして孔子はこう考えました。人間にとってもっとも親しい人間とは、その文字のとおり「親」である。だから人間は誰よりも親をもっとも愛するのが自然である。よって、親から遠くなってゆく家族、あるいは親族に対して、その割合で愛情が薄くなってゆくとするのです。親に対する愛を頂点とするこの愛情のありかたは、親しさのありかたに比例しています。

すると、死の場合、実感としてその死を悼《いた》む悲しみもまた、親しさに比例することになります。ならば、はっきり言えば、見知らぬ人の死は悲しくないことを認めるわけです。

「博愛」主義者ならば、その立場から言って、見知らぬ人の死も悲しむことになるでしょう。しかし、儒家はそれを偽《いつわ》りだとします。もっとも親しいがゆえにもっとも愛する親の死がもっとも悲しい、というわけです。このように孔子という人は、徹底して常識的な考えで、愛する者の死をとらえました。

あなたが、あなたと縁のある、愛する人の死を悲しむのは当然なのです。あなたは、ただただ、人の道を歩んでいるだけなのです。

第十一信

時間

人間がつくったものです

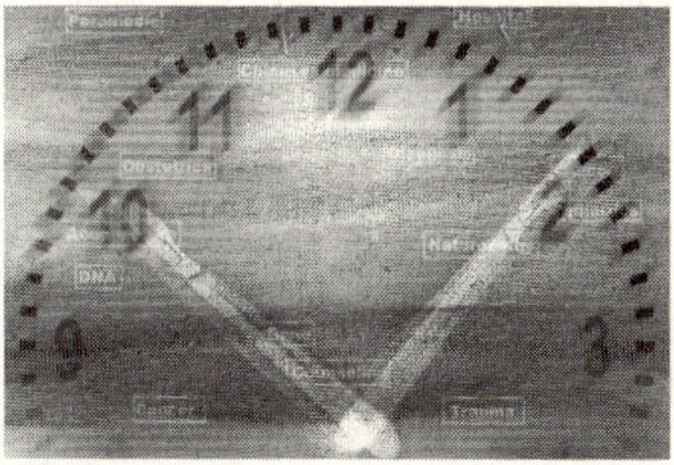

あなたの愛する人は、おいくつで亡くなられたのでしょうか。

百歳を超える高齢で大往生《だいおうじょう》された方から、生まれたばかりの赤ちゃんまで、亡くなられた人の年齢は、さまざまです。一般に、高齢であればあればあるほど悲しみは少なく、若ければ若いほど悲しみは大きいとされていますね。

しかし、年齢とは、いったい何でしょうか。それは、この世で生きた時間の長さのことですね。ならば、そんなに亡くなった年齢を気にすることはありません。すべての人間は自分だけの特別な使命や目的をもってこの世に生まれてきています。この世での時間はとても大切なものですが、その長さはさほど重要ではありません。時間とは、人間が創り出した人工的な概念にすぎないのです。

だから、たとえ一日しか生きられなかったとしても、死ぬことは不幸ではありません。いくら短くても、その生は完結したものなのです。

明治維新を呼び起こした一人とされる吉田松陰《よしだしょういん》は、二十九歳の若さで刑死しましたが、その遺書ともいえる『留魂録《りゅうこんろく》』にこう書き残しました。

「今日、死を決心して、安心できるのは四季の循環において得るところがあるからである。春に種をまき、夏は苗を植え、秋に刈り、冬にはそれを蔵にしまって、収穫を祝う。このように一年には四季がある」

そして、松陰は人間の寿命について次のように述べました。

「人の寿命に定まりはないが、十歳で死ぬ者には十歳の中に四季がある。二十歳には二十歳の四季がある。三十歳には三十歳の四季がある。

五十歳、百歳には五十歳、百歳の四季がある。私は三十歳で死ぬことになるが、四季は既に備わり、実をつけた。その実が立派なものかどうか私にはわからないが、同志の諸君が私の志を憐れみ受け継いでくれたなら、種は絶えることなく年々実を結んでいくであろう」

松陰の死後、その弟子たちは結束して、彼の志を果たしました。松陰の四季が生み出した種は絶えず、その実は見事に結ばれたのです。

「松陰のような時代の変革をめざす思想家なら早死《はやじ》にも納得できるが、一般の人々で不慮の災害や病気による早死には、やはり不幸なのではないか」という疑問があるかもしれません。

そのような疑問を前にしたとき、わたしはいつも、ドイツの神秘哲学者ルドルフ・シュタイナーのことを思い出します。

シュタイナーは、早死にの問題に対して、画期的な考え方を示しました。誰かが病気になり、通常の人よりも短命な一生を終えたとします。彼は、通常の人生であれば、仕事をはじめとして十分に生かし切れたであろう力を死後も保持しています。早く死ななければ十分に発揮できたであろう力が、いわば余力となって残っているのです。

彼の死後、その力がその人の意志と感情の力を強めます。そのような人は、早死にしなかった場合よりももっと強烈な個性や豊かな才能をもった人間として、再びこの世に生まれ変わってくるというのです。

子どもの場合もまったく同じです。幼くして死んだ子どもは、強力なパワーをもってあの世に参入し、この世に天才として生まれ変わってくることが多いのです。

長生きできる生命力をもっていた人間が不慮の災難に遭《あ》って、この世から去らなければいけないとき、その残された生命力はその後も使用することができる。いわば生命力には「エネルギー保存の法則」が働いているのです。シュタイナーによれば、人類の歴史に影響を与えるような大発明家には、前世において不慮の死を遂げた人が多いそうです。

死および死後の世界においては「時間など、まったく関係ない」と主張するのが、臨死研究のパイオニアであったキューブラー・ロスです。「死へのプロセス」を広く世に示した彼女は、晩年、死ぬ瞬間に起こるスピリチュアルな問題にまで立ち入りました。死ぬ瞬間には三つの段階がありますが、その第二段階では、誰も一人ぼっちで死ぬことはないということがわかるそうです。肉体から離れたとき、時間も、空間もなくなります。だから、死者の思念はどんなに遠く離れた場所にも瞬時に届き、「夢枕に立つ」とか「虫の知らせ」などの現象を起こすのです。

時間がなくなるということは、どういうことでしょうか。それは、先立って亡くなり、自分のことを愛し、大事にしてくれた人たちに会えるということです。そして、この段階では時間が存在しないために、二十歳のときに子どもを亡くした人が九十九歳で亡くなっても、亡くしたときと同じ年齢のままの子どもに会うことができるのです。ロスの研究では、あの世の一分はこの世の時間の百年にも相当するそうです。

だから、たとえば夫婦や恋人が死に別れたとして、二人の死に数十年の時差があるとしても、あの世では一瞬のことにすぎません。

どういうことかというと、あなたが、愛する人を残して死ぬとします。相手は、あなたの思い出を大切に心に抱いて生き続け、その三十年後に亡くなるとします。でも、あなたが死んで、あの世に着いたと思ったら、そのすぐ直後に相手も出現するのです。あの世での再会にタイムラグはないのです。なんと素晴らしいことでしょうか！

このように、あの世では時間は無意味なのです。でも、この世ではもちろん意味があります。とくに、愛する人を亡くした悲しみを癒すために、時間は不可欠です。「日薬《ひぐすり》」あるいは「日にち薬」という言葉があるように、時間は悲しみを癒す最高の妙薬です。

仏教には、初七日《しょなのか》、二十七日《ふたなのか》、四十九日《しじゅうくんち》などの忌中《きちゅう》の法要や命日やお盆があります。またキリスト教には「死者の日」があります。それぞれの宗教において、一定の期間をおいて死者の追悼《ついとう》儀礼を繰り返すわけです。こうした習慣も、時間のもつ「癒し」の力を使っているのです。そして、時間をかけた一連の宗教儀礼は、死別の悲しみを確実に癒してゆくことができます。あの世と違って、この世では、人間は時間の中で生きているのです。

最後に、『旧約聖書』の「伝道の書」の一節を紹介しましょう。この世における時間というものの本質をこれほど的確にとらえたものを、わたしは知りません。

天《あめ》が下《した》のすべての事には季節があり、
すべてのわざには時がある。
生《うま》るるに時があり、死ぬるに時があり、
植えるに時があり、植えたものを抜くに時があり、
殺すに時があり、いやすに時があり、
こわすに時があり、建てるに時があり、
泣くに時があり、笑うに時があり、
悲しむに時があり、踊るに時があり、

石を投げるに時があり、石を集めるに時があり、
抱くに時があり、抱くことをやめるに時があり、
捜すに時があり、失うに時があり、
保つに時があり、捨てるに時があり、
裂くに時があり、縫うに時があり、
黙るに時があり、語るに時があり、
愛するに時があり、憎むに時があり、
戦うに時があり、和らぐに時がある。

夜空を見上げてみれば、欠けていた月もだんだん満ちてきていますね。この世での時間が経過しているわけです。

それでは、今夜はこのへんで。

第十二信

あの世

平和に暮らしています

あなたは、あの世を信じますか。

あの世を信じること、つまり「来世信仰」は、あらゆる時代や民族や文化を通じて、人類史上絶えることなく続いてきました。

紀元前三五〇〇年頃から伝えられてきた古代エジプトの『死者の書』は、人類最古の書物とされています。その中には、永遠の生命に至る霊魂の旅が、まるで観光ガイドブックのように克明に描かれています。同じことはチベット仏教の教典である『チベット死者の書』にも言えますし、また、アメリカの先住民族のあいだでは、社会生活の規範として生者と死者の霊的な一体感が長く伝えられてきました。

『聖書』や『コーラン』に代表される宗教書の多くは、死後の世界について述べていますし、世界各地の葬儀も基本的に来世の存在を前提として行なわれています。日本でも、月、山、海、それに仏教の極楽浄土《ごくらくじょうど》がミックスされて「あの世」のイメージとなっています。

人間はかならず死にます。では、人間は死ぬとどうなるのか。死後、どんな世界に行くのか。これは素朴にして、人間にとって根本的な問題です。人類の文明が誕生して以来、わたしたちの先祖はその叡知《えいち》の多くを傾けて、このテーマに取り組んできました。

哲学者たちも、死後について議論を闘わせてきました。古代ギリシャのソクラテスやプラトンは「霊魂不滅説」を説いています。その他にも、プロティノス、ライプニッツ、カント、フーリエ、ベルグソンといった高名な哲学者たちが、死後の世界を論じました。

現在、たいへんなスピリチュアル・ブームですが、そのスピリチュアルの歴史において最大の巨人とされる人物にエマニュエル・スウェデンボルグがいます。十七世紀にスウェーデンで生まれた霊能力者ですが、彼の著書『霊界日記』や、さまざまな霊界通信は、死後の世界をいくつかの界層に分けています。

そのほとんどは、わたしたちの住む地上界を含めて七つの界層に分類しており、それぞれの界層についての描写もほぼ同じと言えます。そして、この世に近い界層ほど、この世に似ているのです。すなわち、地面があり、山があり、谷があり、小川が流れ、草木が茂り、花が咲き、動物が遊び、地上と変わらない人間の家々があるというのです。

この世界に普通の人間の霊魂が入ると、そこは望みのままの理想世界と化します。衣服こそあらかじめ霊格の高さと個性に合わせて決められていますが、それはやわらかく、優雅なものです。しかも同じ衣服をまとっている霊は二人といません。

食事も望みどおりのものが出てきます。いわば超エネルギーで構成された霊魂にとって、本来、食事は必要ありません。しかし、まだ地上の記憶が残っている死後間もない霊魂は食事にこだわるのです。望みの食事は欲求作用によって出現し、飽きてしまわない限り、どんな豪華な食事も美酒も、好きなときに、欲しいだけ手に入れられます。

住居についても同様であり、死後、霊魂は自分が憧れていた家で暮らしていることに気づきます。それは、彼を導く指導霊が彼の未発達な記憶の中から、彼が憧れていた世界のイメージを引き出し、死後の世界に投影してくれたものなのです。

世界中の宗教においても、最初はスピリチュアルな人々が説くのと同じ死後の世界観をもっていました。アフリカなどの原始宗教でも、この世とあの世はほとんど変わらない世界です。

しかし、宗教が国家宗教、世界宗教へと成長していくにつれ、あの世の姿も変化していきます。おそらく哲学や他の宗教の影響を受けるのでしょう。ある意味では、宗教が成長するにつれて、身近だった死後の世界が一般民衆のもとから遠ざけられていったと言うことができます。

その好例が、天国と地獄、あるいは地獄と極楽のような二元論的な死後の世界観です。多くの宗教、とくに仏教、キリスト教などの世界宗教は地獄の存在を説きます。しかし、臨死体験者や霊界通信者の報告によれば、地獄という死者の霊が生前の悪行の報《むく》いとして責め苦を受ける場所など存在しません。あの世に入った初期の段階で、生前の行為に苦しめられる霊魂もいますが、それは自分の良心の反映としての幻覚に自ら苦しむのであり、審判者のようなものは存在しないのです。

一方の天国はどうでしょうか。多くの宗教では、天国はもっとも望ましい最終目標であり、霊的な旅の最終目的地とされています。しかし、ヒンドゥー教、ジャイナ教、中央アメリカの宗教などでは、単に死と再生を永遠に繰り返すサイクルの一時的な場所であるにすぎません。

天国をもっとも望ましい場所とする考えの中には、楽園のイメージが読み取れるものが多いことに気づきます。たとえば、仏教の極楽浄土です。そこには、底に金沙《きんさ》が敷きつめられた池があり、池には大きな蓮華《れんげ》が咲いており、池の周囲には階道《かいどう》があって、その上に金銀や宝玉でできた宮殿楼閣《きゅうでんろうかく》があるそうです。また、イスラムの天国には、木蔭《こかげ》の多い園、サラサラと流れる泉や池があるとのこと。

以前、宗教家たちが、天国についての考え方がこれほど浸透しているのは天国が存在することの一種の証拠であると主張したことがあります。それによれば、人は誰でも願望や欲求をもっていますが、何かを強く欲するということは、その欲求の対象となっているものがどこかにかならず存在していると考えることができるからです。

物質的な世界ではそれを実証することが可能なので、この仮説を証明する証拠はたくさんあります。たとえば、人間に食欲があるのは食物というものがあることを意味しています。渇《かわ》きを感じるのは水があることを、性欲があるのはセックスがあることを意味する。同じように、わたしたちが精神的な欲求や畏敬《いけい》の念を抱くのは、神や天国が実在するということを意味していると考えられるというのです。

有名なギャラップ世論調査が、アメリカ人の死後の世界観について調査したことがあります。それによると、実際に臨死体験をして死後の世界をかいまみた人々のうち、何人かは、天国はエデンの園のようなところだったと報告しています。

「天国はまったく申し分のない世界で、目の見えない人は見えるようになり、足の不自由な人は歩けるようになるのです。そこには木々が生い茂り、環境汚染のようなものはまったくなく、水も清らかで、エデンの園がもっている特徴を備えています」

（イリノイ州に住むある女性）

「天国というのは、わたしたちが隠退《いんたい》したのちに行く永遠の隠居所です。神が地球をお造りになったとき、いろいろなものを天国に似せてお造りになったのでしょう。違うのは天国には罪悪というものがないということです。神が地球をこのようにしたいとお思いになったように、すべてが申し分のない世界です。木も動物も天国にふさわしいもので、すべてが地上の世界と似ているけれども天国のものの方がはるかにきれいでしょう。わたしは、地上の世界は天国の複製のようなものだと思います。ただし、不正確で不完全な複製ですが」

（最南部に住むある年配の女性）

「天国のあらゆるものが、この世の最も美しいものの特徴を備えていると思います。人間は神の姿を模しているという感じがありますが、わたしはさらに、この世はある意味で天国に似せて造られたと言いたいのです。ですから、この世に咲いている美しい花は天国の完全な花を模しているわけです」

（ニュージャージー州のある若い男性）

いまは亡き愛する人が、天国という完全な世界で幸福に暮らしていると想像することは、もっともスタンダードな癒しの方法となるのではないでしょうか。

天国について想うとき、あなたの心は安らかでしょう。なにしろ、あなたは、その素晴らしい天国で愛する故人と再会できるのですから。

第十三信

生まれ変わり

もう一度、会えます

あなたは、生まれ変わりを信じますか。愛する人を亡くしたとき、お互いに生まれ変わって、また再会したいと願いませんでしたか。

生まれ変わりは、古来から人類の間に広く存在した考え方です。世界には、輪廻転生《りんねてんせい》を認める宗教がたくさんあります。

ヒンドゥー教や仏教といった東洋の宗教が輪廻転生を教義の柱にしていることはよく知られていますが、イスラム教の神秘主義であるスーフィーの伝統でも、詩や踊りの中で輪廻転生が美しく表現されています。

ユダヤ教では、何千年も前から柱の一つとして、輪廻転生を肯定する「ギルガル」という考え方がありました。ユダヤの神秘思想である「カバラ」も輪廻転生に多く言及しています。約二世紀前に、近代化をはかった東欧のユダヤ人によってこの考え方は捨てられましたが、いまでも、一部の人々の間では輪廻転生の思想は生きています。

そして、キリスト教は輪廻転生を否定していると思われていますね。もちろん、現在はそうです。しかし、過去は違いました。キリスト教も初期の頃は認めていたのです。

もともと『新約聖書』には輪廻転生の記述がありました。それが、紀元四世紀、コンスタンティヌス帝がキリスト教をローマの国教としたときに削除したのです。紀元六世紀には、コンスタンティノープルの宗教会議において、公式に輪廻転生は異端であると宣言されました。

いずれも輪廻転生という考え方が帝国やキリスト教会の安定を脅《おびや》かすと思われたからです。前世や来世があるという考えでは、救済されるまでに時間がかかりすぎます。一回きりの最後の審判というおどしによって、信者に正しい行動をさせる必要を感じたのです。

それでも、輪廻転生を信じるキリスト教徒もいました。イタリアと南フランスにいたカタリ派の人々です。しかし、彼らは異端として虐殺されました。十二世紀のことです。

日本でも、生まれ変わりは信じられてきました。

江戸時代の国学者である平田篤胤《ひらたあつたね》は、「生まれ変わり少年」として評判だった勝五郎のことを研究しました。文化・文政年間に武蔵国多摩郡で実際に起きた事件で、勝五郎という名の八歳の百姓のせがれが「われは生まれる前は、程久保村の久兵衛という人の子で藤蔵といったのだ」と言い出しました。

仰天した祖母が程久保村へ連れていくと、ある家の前まで来て、「この家だ」と言って駆け込みました。また向かいの煙草屋《たばこや》の屋根を指さして、「前にはあの屋根はなかった。あの木もなかった」などと言い、すべてそのとおりでした。これが日本でもっとも有名な生まれ変わり事件です。

西洋の歴史をみると、ピタゴラス、プラトン、ミルトン、スピノザ、ゲーテ、ユーゴー、ホイットマン、イプセン、メーテルリンクといった有名な人々は、みな輪廻転生を肯定する再生論者でした。

アメリカでは、催眠状態で難病や奇病の治療方法を告げ、その人の前世を知らせる超能力者エドガー・ケーシーが現われました。輪廻転生を科学的に研究し、世界にその名を知られたのが、アメリカのヴァージニア大学心理学部教授イアン・スティーブンソンです。世界的ベストセラーとなった彼の著書『前世を記憶する二〇人の子供』には、おどろくべきエピソードがずらりと並んでいます。

たとえば、一九五八年生まれのレバノン・コーナエル村の三歳児イマッドは、「わたしは前世はクリビィ村に住み、屋根裏部屋には銃を隠しもち、赤いハイヒールのジャミレという女を記憶している」と語り、自動車を見るたびに顔色を変えました。

これに興味を抱いて現地に飛んだスティーブンソンは、結核で一九四九年に二十五歳で死んだイブラヒムの部屋を探しあてました。そして、「屋根裏部屋にはライフルが」「赤いハイヒールのジャミレは彼の恋人」「イブラヒムは従兄弟《いとこ》のすさまじい自動車事故死に衝撃を受けた」など、彼がイマッドの前人格であることを確認したのです。

スティーブンソンを中心とするヴァージニア大学研究チームは長い年月をかけ、世界各地から生まれ変わりとしか説明のしようがない実例を二千以上集めました。重要なことは、この子どもたちの半分は西洋の子どもだということです。西洋では、インドやチベットなどのアジア地域と違い、輪廻転生の考え方が現在のところ、一般的ではありません。

やはり輪廻転生の例が圧倒的に多いのは、インドです。中でも、シャンティ・デヴィの例がよく知られています。

一九二六年にデリーで、デヴィという女の子が生まれました。彼女は「自分は前にマットラという町で生まれ、前世での名前はルジです」と両親に対して言いました。さらに、一九三五年に所用で訪問してきた男性を「自分の前世の夫の従弟《いとこ》です」と断言し、周囲をおどろかせました。その男性は、十年前にルジという妻を亡くした従兄《いとこ》がいると告白しました。デヴィに何も知らせず、ルジの夫がデヴィの家に連れてこられると、デヴィは即座に夫を認め、彼の腕の中に身を投げたそうです。またマットラを訪れたデヴィは、さまざまな人や場所を正確に指摘することができたばかりか、死んだルジの親類縁者とその地方の方言で話したといいます。

チベットでは、ダライ・ラマが活仏《かつぶつ》として崇拝《すうはい》されています。ダライ・ラマ一世から十四世まで、まったく血のつながりはありません。その地位の継承は、前のダライ・ラマの生まれ変わりとしての化身さがしによって決まるのです。高僧が祈祷《きとう》と瞑想《めいそう》によって場所をさがしあてます。候補の子どもが前のラマが使用していた品物をあてると、新しいラマとして即位するのです。

『前世を記憶する二〇人の子供』の中には、異言語を話す子どもの事例がたくさんありました。つまり、それまで彼らが接したことがない外国語、それも昔の古い言葉を話す子どもが多かったのです。

また、勝五郎やイマッドやデヴィのように、幼い子どもが自分の住んでいる場所から非常に遠く離れたところを正確に知っていて、しかもそこで何年も前に起こった出来事を詳しく知っているという例も少なくありませんでした。

スティーブンソンによると、前世の記憶を語り出すのは幼年時代に多いそうです。その平均年齢は二・六歳で、四歳から六歳頃になると記憶を失いはじめるそうです。

スティーブンソン以後で輪廻転生を研究したことで有名な人物に、アメリカの精神科医であるブライアン・L・ワイスがいます。彼は退行催眠によって心に傷を受けた前世の記憶を思い出すと、さまざまな病気が癒されるという「前世療法」を開発しました。

ワイスは、前世の記憶をもつ患者と接するうちに、誰にでも生まれ変わるたびにめぐり会う「ソウルメイト」がいることを知ります。ソウルメイトとは、愛によって永遠に結ばれている人たち、「魂《たましい》の伴侶《はんりょ》」のことです。彼らはいくつもの人生で何回も出会っているとされています。

ワイスによれば、どのようにして自分のソウルメイトを見つけ、それを認識するのか、いつ、自分の人生を根本から変えてしまう決定をするのか、ということは、わたしたちの人生においてもっとも感動的で、重要な瞬間です。ワイスは、次のように語っています。

「運命がソウルメイト同士の出会いを導いてゆきます。私たちは必ずソウルメイトに出会うようになっています。しかし、ソウルメイトと出会ってから、どのようにするかを決めるのは、私たちの自由意思の範疇《はんちゅう》に属することなのです。そこで選択を誤ったり、チャンスを逃してしまえば、信じられないほどの孤独とさみしさを味わわなければならないかもしれません。正しい選択をし、チャンスを生かして実現すれば、私たちは最高の喜びと幸福を手に入れることができます」

（『魂の伴侶―ソウルメイト』　山川紘矢・亜希子訳　ＰＨＰ文庫）

ソウルメイトである二人が互いに気づいたとき、計り知れないほどのエネルギーによって、二人の情熱はどんな火山よりも激しく噴出します。ソウルメイトが現われていることに、顔の表情や夢、記憶、感覚などで気づくこともあります。

手が触れたとき、くちびるにキスした瞬間に、あなたは目覚め、あなたの魂は躍動しはじめるかもしれません。愛する人にキスした瞬間、それは何百年前の前世の恋人のキスであり、二人は時間を超越して、ずっと一緒だということを思い出すこともあるのです。

しかし、よく誤解されることですが、ソウルメイト同士はかならずしも、この世で結婚する運命にあるとは限りません。両方とも他の異性と結婚し、すでに家族をもってしまったあとになって、ソウルメイトと出会うこともあります。あるいは、今回の人生ではソウルメイトがあなたの親、子ども、兄弟になっていることもあります。

ワイスによれば、肉体をもっている間、結婚はしないとソウルメイト同士が決めている場合もあるそうです。その場合、お互いの人生をずっとともに歩まなくてもよいのです。

彼らは出会い、ともに学ぶことを前世で合意しています。その学びが終わるまでは一緒に過ごしますが、それから先は別れて、別の道を歩むように計画しているのです。「これは悲劇ではなく、単に学びの問題にすぎない」と、ワイスは述べています。ソウルメイトは永遠に一緒ですが、ときには別々の教室で学ぶことも必要なのだそうです。

いまは亡き愛する人が、あなたのソウルメイトだったら?

もし、そうだとしたら、次の人生でもかならず、あなた方はめぐり会えます。そして、お互いに深く愛し合うことでしょう。たとえ二人が結婚するとしても、結婚しないとしても。

第十四信

記憶

思い出してください

愛する人を亡くしたばかりのあなたの頭の中は、亡くなった人の思い出でいっぱいのことでしょう。あなたは、「この死別によって、わたしたちの結びつきは断たれてしまった」と考えるかもしれません。

でも、それは違います。たとえ相手が死者となっても、あなたとの結びつきが消えることはありません。

その問題について深く考えた人物が、神秘哲学者のルドルフ・シュタイナーです。彼は人智学《じんちがく》という学問の創始者として知られていますが、よく「人智学を学ぶ意味は、死者との結びつきをもつためだ」と語ったそうです。死者と生者との関係は密接であり、それをいいかげんにするということは、わたしたちがこの世に生きることの意味をも否定することになりかねないというのです。

わたしたちは、あまりにもこの世の現実に関わりすぎているので、死者に意識を向ける余裕がほとんどありません。それどころか、この世に生きている者同士の間でも、他人のことを考える余裕がないくらいの生活をしています。だからといって、自分自身となAらしっかり向き合えているかというと、そうでもありません。

ほとんどの人は、完全に内に向いているわけでもなく、外の社会に適応しようとしているにもかかわらず、他者に対する関係も中途半端なままに生活している状態でしょう。死者と自分との関係がほとんど意識できなくなってしまった時代状況の中で、シュタイナーは、人智学を発表しなければならないと感じました。それによって、この世の人間があの世の人間と再び結びつきをもてるようになれば、そのとき初めて、現代文化の改革さえ可能になると考えたようです。

それでは、どうしたら、この世の人間は死者との結びつきをもてるのでしょうか。そういうことを考える前に、まず言えるのは、死者が現実に存在していると考えない限り、その問題は解決しないということです。つまり、死者など存在しないということになってしまえば、いま言ったことはすべて意味がなくなってしまいます。

ところが仏教の僧侶でさえ、「死者というのは、わたしたちの心の中にしか存在していない」などという人が多いのです。そういう僧侶は、人が亡くなって仏壇《ぶつだん》の前でお経《きょう》をあげるのは、「この世に残された人間の心のために供養《くよう》しているのだ」と言うのです。

もし、そういう意味でお経をあげているのなら、死者と結びつきをもとうと思っても、当人が死者などいないと思っているわけですから、結びつきのもちようがありません。死んでも、人間は死者として生きています。しかし、その死者と自分との間には、まだはっきりした関係ができていないと考えることがまず前提になります。

シュタイナーは多くの著書や講演で、「あの世で死者は生きている」ことを繰り返し主張しました。彼は、こう言いました。

「今のわたしたちの人生の中で、死者たちからの霊的な恩恵を受けないで生活している場合はむしろ少ないくらいです。ただそのことを、この世に生きている人間の多くは知りません。そして、自分だけの力でこの人生を送っているように思っています」

シュタイナーによれば、わたしたちが死者からの霊的恩恵を受けて、あの世で生きている死者たちに自分のほうから何ができるのかを考えることが、人生の大事なつとめになるのです。

その場合、二つのことが問題になります。第一の問題は、たとえば七、八歳で亡くなった子どもも、人生経験を十分に経て亡くなった人も、死者たちは同じようにあの世にいて、この世に非常に大きな関心をもっているということです。しかし、死者たちは、この世に残してきた家族とか友人とか、そういう身近な人々のことに、どんなに深く思いを寄せているとしても、この世にいる生者がその死者たちに向かって語りかけをしない限り、この世と関わりをもつことはできないのです。

その理由は、まず死者は物質的な世界の情報は一切受け取れないからです。それから死んだ直後は別ですが、この世の言葉も、イメージや感情がそれにともなわなければ、死者には通じないからです。すなわち、この世の言葉は物質空間の中でのみ響いているのです。

それでは、この世からあの世の人々に何を送ることができるのかというと、それはイメージだけなのです。だから、もし生者が死者たちのことを具体的にイメージすることができれば、死者はそのイメージを通して、この世の人間がどこにいるかを感じることができます。

そうでない場合には、さまざまなイメージが自分の周囲に現われたり消えたりはしていても、そのイメージが自分の親しいこの世の人々から来たものかどうかは、区別がつかないのです。

わたしたちが、霊的な内容について考えたり、感じたり、読んだり、語ったり、聞いたりするとします。そのとき、自分のかたわらに死者をイメージして、その死者がともにそれを体験しているように感じることができれば、死者はその場所で、その体験を生者とともにすることができるといいます。

したがってシュタイナーは、イメージすることを、とくに死者をイメージすることを非常に大切にしていました。そのような場合、たとえば後ろ姿をイメージすることが大事なのだそうです。親が道を歩いているときに見たその後ろ姿の肩の感じとか、少し前かがみになって歩いている姿とかが記憶に残っているとしますね。そういうところをできるだけ、ありありと思い浮かべると、死者は生者からの呼びかけを感じることができるというのです。

一緒に食事をしたり、話し合ったりしたときの情景、何かしてくれたときの様子などが自分の中にはっきり思い出として残っている場合、それをイメージすると、やはり死者はそれによって生者からのメッセージを受け取ることができます。

それから、死者に対する生者からの働きかけは、眠っているときにも生じます。夜眠ると、生者の魂は死者と同じ世界に入ります。毎晩、眠っているときのわたしたちは、実は死者たちと一緒に暮らしているのです。だから眠りの中に、死者に対する供養になるようなイメージをもち込むことができるのです。

また、自分の親しかった死者に対して、何か問いかけをしながら眠るとします。亡くなった父親に向かって、「自分はいま、こういう問題をどう考えてよいかわからない。どうしたらよいだろうか」「こういう道とこういう道があるけれども、その中のどれを選ぶべきなのか」ということを問いかけながら眠ります。すると、その問いは死者に働きかけて、死者はそれによって生者にメッセージを送ることができるのです。

シュタイナーによれば、その答えは翌日、思いがけないかたちで出てくるそうです。たとえば自分の心の奥底から、まるで自分が考えたとは思えない素晴らしい思いつきが生じたとすれば、それは死者からのメッセージだというのです。死者が外から声に出して語るというのではなくて、自分の存在のもっとも核心の部分から聞こえてくるものが死者の声だというのです。

さらに、眠るときに死者に対する愛情をもって眠ると、死者はそれをまるで美しい音楽のように聞き取ることができるそうです。なつかしい思い出が感謝や思いやりとともに死者に届けられるのです。そういう気分の中で眠ることができれば、死者にとっても最大の供養になり、自分にとっても大きな心の支えになるのです。

このように、死者のことを想うことが、死者との結びつきを強めるのです。メーテルリンクの『青い鳥』には「思い出の国」というのが出てきます。自身が偉大な神秘主義者であったノーベル文学賞作家メーテルリンクも、死者を思い出すことによって、生者は死者と会えると主張しているのです。

アフリカのある部族では、死者を二通りに分ける風習があるそうです。人が死んでも、生前について知る人が生きているうちは、死んだことにはなりません。生き残った者が心の中に呼び起こすことができるからです。しかし、記憶する人が死に絶えてしまったとき、死者は本当の死者になってしまうというのです。誰からも忘れ去られたとき、死者はもう一度死ぬのです。

あなたの愛する人を二度も死なせてはなりません。いつも、亡くなった人を思い出してください。わたしたちが、日常的に死者を思い出すのは、いつでしょうか。お盆やお彼岸、それに命日ぐらいですか。お墓や仏壇の前で手を合わせるときだけですか。それでは、亡くなった人はあの世でさぞ寂しい思いをしていることでしょう。

亡くなった人は、何よりも愛するあなたから思い出してもらうことを願っているのです。もうこれ以上、死にたくないのです。

そういえば、今夜は夜空の月が明るいですね。気づいてみれば、もうすぐ満月です。今夜は、月を見上げながら、いまは亡き愛する人を偲《しの》んでみてはいかがですか。

第十五信

再生のシンボル

月を見上げてください

今夜は見事な満月ですね。昨夜は、月を見上げて亡くなられた人を思い出しましたか。月を見ながら死者を想うと、本当に故人の面影《おもかげ》がありありとよみがえってきませんか。

わたしは月こそ「あの世」であり、死者は月へ向かって旅立ってゆくと考えています。そのわけをお話ししましょう。

世界中の古代人たちは、人間が自然の一部であり、かつ宇宙の一部であるという感覚とともに生きていました。そして、死後への幸福なロマンをもっていました。そのシンボルが月です。

彼らは、月を死後の魂のおもむくところと考えました。月は、魂の再生の中継点と考えられてきたのです。多くの民族の神話と儀礼において、月は死、もしくは魂の再生と関わっています。規則的に満ち欠けを繰り返す月が、死と再生のシンボルとされたことはきわめて自然だと言えるでしょう。

人類において普遍的な信仰といえば、何といっても、太陽信仰と月信仰の二つです。太陽は、いつも丸い。永遠に同じ丸いものです。それに対して月も丸いけれども、満ちて欠けます。この満ち欠け、時間の経過とともに変わる月というものは、人間の魂のシンボルとされました。

つまり、絶対に変わらない神の生命が太陽をシンボルとすれば、人間の生命は月をシンボルとします。人の心は刻々と変化変転します。人の生死もサイクル状に繰り返します。死んで、またよみがえってという、死と再生を繰り返す人間の生命のイメージに月はぴったりなのです。

地球上から見るかぎり、月はつねに死に、そしてよみがえる、変幻してやまぬ星です。また、潮の満ち引きによって、月は人間の生死をコントロールしているという事実があります。さらには、月面に降り立った宇宙飛行士の多くは、月面で神の実在を感じたと報告しています。月こそ神のすみかであり、天国や極楽そのもののイメージとも重なります。

さて、「葬式仏教」という言葉があるくらい、日本人の葬儀や墓、そして死と仏教との関わりは深く、いまや切っても切り離せませんが、月と仏教の関係も非常に深いのです。

お釈迦《しゃか》さまことゴータマ・ブッダは満月の夜に生まれ、満月の夜に悟りを開き、満月の夜に亡くなったそうです。

ブッダは、月の光に影響を受けやすかったのでしょう。言い換えれば、月光の放つ「気」にとても敏感だったのです。

わたしは、やわらかな月の光を見ていると、それがまるで「慈悲《じひ》」そのものではないかと思うことがあります。ブッダとは「めざめた者」という意味ですが、めざめた者には月の重要性がよくわかっていたはずです。「悟《さと》り」や「解脱《げだつ》」や「死」とは、重力からの解放にほかならず、それは宇宙飛行士たちが「コスミック・センス」や「スピリチュアル・ワンネス」といった神秘的一体感を感じた宇宙体験にも通じます。

東南アジアの仏教国では、いまでも満月の日に祭りや反省の儀式を行ないます。仏教とは、月の力を利用して意識をコントロールする「月の宗教」だと言えるでしょう。太陽の申し子とされた、あの日蓮《にちれん》でさえ、月が最高の法の正体であり、悟りの本当の心であり、無明《むみょう》つまり煩悩《ぼんのう》や穢土《えど》を浄化《じょうか》するものであることを説きました。

日蓮は、「本覚《ほんがく》のうつつの心の月輪の光は無明の暗を照らし」「心性《しんしょう》本覚の月輪《げつりん》」「月の如《ごと》くなる妙法《みょうほう》の心性の月輪」と述べ、法華経《ほけきょう》について「月こそ心よ、華《はな》こそ心よ、と申す法門《ほうもん》なり」と記しています。日蓮も月の正体をしっかりと見つめていたのです。

仏教のみならず、神道《しんとう》にしろ、キリスト教にしろ、イスラム教にしろ、あらゆる宗教の発生は月と深く関わっています。先述した「太陽と死は直視できない」という有名なラ・ロシュフーコーの言葉があるように、人間は太陽を直視することはできません。しかし、月なら夜じっと眺めて瞑想的になることも可能です。

あらゆる民族が信仰の対象とした月は、あらゆる宗教のもとは同じという「万教同根《ばんきょうどうこん》」のシンボルなのです。キリスト教とイスラム教という一神教同士の対立が最大の問題になっている現代において、このことは限りなく大きな意味をもっています。

さらに、人類の生命は宇宙から来たと言われています。

わたしたちの肉体をつくっている物質の材料は、すべて星のかけらからできていますが、その材料の供給源は地球だけではありません。はるかかなた昔のビッグバンからはじまるこの宇宙で、数え切れないほどの星々が誕生と死を繰り返してきました。その星々の小さな破片が地球に到達し、空気や水や食べ物を通じてわたしたちの肉体に入り込み、わたしたちは「いのち」を営《いとな》んでいるのです。

わたしたちの肉体とは星々のかけらの仮の宿であり、入ってきた物質は役目を終えていずれ外に出てゆく、いや、宇宙に還《かえ》っていくのです。宇宙から来て宇宙に還るわたしたちは、宇宙の子なのです。そして、夜空にくっきりと浮かび上がる月は、あたかも輪廻転生の中継基地そのものと言えます。人間も動植物も、すべて星のかけらからできているという意味で、月は、生きとし生けるものすべてのもとは同じという「万類《ばんるい》同根《どうこん》」のシンボルでもあります。

かくして、月に「万教同根」「万類同根」のシンボル・タワーを建立《こんりゅう》し、レーザー光線を使って、地球から故人の魂を月に送るという計画をわたしは思い立ちました。実現をめざして、いろいろな場所でその構想を述べ、賛同者を広く募《つの》っています。

シンボル・タワーは、そのまま、地球上のすべての人類のお墓ともなります。月に人類共通のお墓があれば、地球上での墓地不足も解消できますし、世界中どこの夜空にも月は浮かびます。それに向かって合掌《がっしょう》すれば、あらゆる場所で死者の供養をすることができます。

また、遺体や遺骨を地中に埋めることによって、つまり埋葬《まいそう》によって死後の世界に暗い「地下へのまなざし」をもち、はからずも地獄を連想してしまった生者に、明るい「天上へのまなざし」を与えることができます。そして、人々は月をあの世に見立てることによって、死者の霊魂が天上界に還ってゆくと自然に連想し、理想的な死のイメージ・トレーニングが無理なく行なえます。

世界中の神話や宗教や儀礼に、月こそあの世であるという普遍的なイメージが残っているということは、この世に生まれてくる前の記憶が込められているのかもしれません。

最後に、月の最大の謎《なぞ》についてお話ししたいと思います。もともと謎の宝庫ともいえる月における最大の謎とは何でしょうか。

それは、地球からながめた月と太陽が同じ大きさに見えることです。人類は長い間、この二つの天体は同じ大きさだとずっと信じ続けてきました。しかし、月が太陽と同じ大きさに見えるのは、月がちょうどそのような位置にあるからなのです。月は太陽の四百分の一の大きさです。そして不思議なことに、地球から月までの距離も、地球から太陽までの距離の四百分の一なのです。こうした位置関係にあるので、太陽と月は同じ大きさに見えるわけです。

それにしても、なんという偶然の一致でしょうか。皆既日食《かいきにっしょく》も、太陽と月がぴったりと重なるために起こることは言うまでもありません。この「あまりによくできすぎている偶然の一致」を説明する天文学的理由はどこにもありません。

この巨大な謎を前にしたとき、わたしはいつも、神や仏といったサムシング・グレートの存在を信じないではいられません。こんな不思議な現象が現実に存在することに比べれば、月に死者たちが住んでいることなど不思議でも何でもないと思いませんか。本当に、月について考えだすと、わたしの興味は尽《つ》きません。

いま、「尽き」と言いました。そう、月の古語である「ツク」からは「尽く」という言葉が派生しています。「尽く」とは「果て」「極限に達する」という意味です。そして、「底を尽く」というように、その果てですべては無になります。月に映しだされる神秘や謎や不思議とは、わたしたちの魂の働きを底の底まで尽くした果ての真実なのです。

人間の深層心理において、月はさまざまなものと結びつけられています。詩、夢、魔法、愛、瞑想、狂気、そして誕生と死……そのすべての神秘性を、月はつねに映し続けているのです。

ぜひ、月を見上げて、あなたの愛する人を想ってみてください。

あなたの愛する人は、月にいます。

そして、月から愛するあなたを見守ってくれています。

いつの日か、あなた方は、月できっと再会できるのです。

おわりに

もうお気づきだと思いますが、十五通の手紙は、月の満ち欠けに対応しています。最初の手紙は、夜空が真っ暗なときにお渡ししました。そして、最後の手紙は満月の、やわらかな光が夜空を照らしているときにお渡ししました。

しかし、きれいな満月も明日からはまた欠けはじめます。だんだん欠けていって、ついには消えてしまいます。そして、いつかまた、新たに生まれ、満月をめざして満ちてゆくのです。

月は死に、また、よみがえる。人も、まったく同じことだということがおわかりいただけたでしょうか。

わたしは、日々、愛する人を亡くした人にお会いします。そのとき、かける言葉に迷い、途方に暮れることも珍しくありません。そんなとき、いつも思い出すのが、ブッダにまつわる話です。

シュラーヴァスティーという町で、キサーゴータミーという女性が結婚して男の子を産みましたが、その子に死なれて気が狂ってしまいます。彼女は、わが子の死体を抱きしめて生き返りの薬を求めて歩きまわっていました。それを見たブッダは、「まだ一度も死人を出したことのない家から芥子《けし》粒をもらってくるがよい。そうすれば、死んだ子どもは生き返るだろう」と教えました。

キサーゴータミーは、一軒ずつたずねて歩いているうちに、死人を出さない家は一つもないことを悟りました。そして、やっと正気に戻ることができたそうです。

この話は、死なない人間はいない、人間はかならず死ぬのだといったあまりにも当たり前の事実をあらためて教えてくれます。それとともに、最高の「癒《いや》し」の物語ともなっています。ブッダは決してキサーゴータミーを無理やり説き伏せたりしたのではなく、彼女自身に気づかせました。自然なかたちで彼女の心を癒したのです。

さすがはブッダです。わたしは心から尊敬の念を抱きます。そして、ブッダの開いた仏教の教えについて思いを馳《は》せてしまいます。

仏教では、生まれること、老いること、病むこと、そして死ぬこと、すなわち「生老病死《しょうろうびょうし》」を「四苦《しく》」とみなしています。もともと人生を苦とみなすことはインド思想一般に通じることで、紀元前七〇〇年から紀元前二〇〇年の間に書かれたヒンドゥー教の聖典『ウパニシャッド』

の中にもすでにあります。

しかし、これを強く推し進めたのはブッダでした。ブッダは一切の既成の立場、あるいは独断を捨て、ありのままの対象そのものに目を向け、現実の姿を解明することから出発しました。それを「如実知見《にょじつちけん》」といいますが、そうして直面したものが、人生の苦ということでした。

ブッダの出家の動機も、苦の問題と関わっていました。シャカ族の王子だった若い頃、次のように考えたのです。

「世間の愚者たちは、自分が老い、病み、死ぬことを忘れ、他人の老、病、死をけぎらいするが、わたしは自分も老い、病み、死ぬことを思い、快楽を避けて修行し、静寂の境地に到達したい」

このように、ブッダは早くから、老、病、死の苦悩を自分の問題として考えたようですが、多くの仏伝《ぶつでん》はこれをドラマティックな物語にまとめています。

すなわち、若きブッダが郊外に遊びに行く途中でまず老人を見て、「あれは何か」と従者《じゅうしゃ》にたずねて知り、次に別の門から出て病人を、さらに死人を見て、いちいち従者に説明を求め、最後に出家修行者のおだやかで満ち足りた顔を見て、これこそ自分の理想であるとし、出家する決心を固めたというのです。

これがいわゆる「四門出遊《しもんしゅつゆう》」ですが、この物語はおそらく比喩《ひゆ》的なフィクションであって、かならずしも事実とみなす必要はないでしょう。むしろ、ブッダ自身が人間の苦悩の問題について考え抜き、ついにその解決のために出家を決意したと考えるべきだと思います。そして出家した後も、人間の苦悩について考え続けたブッダは、ついに次のように宣言したのです。

「修行僧たちよ。苦悩についての聖なる真理というのは次のとおりである。すなわち、誕生は苦悩であり、老は苦悩であり、病は苦悩であり、死は苦悩である」

これが「四苦」です。現在においては、誕生を苦悩と考える人はあまりいないでしょうから「生」を外すとしても、「老」「病」「死」の三つの苦悩が残ります。でも、いくらブッダの悟りを単なる知識として知ったからといって、それらの苦しみが消えるわけではありません。

そして、わたしは、人間にはもう一つ大きな苦悩があると思っています。それは、愛する人を亡くすことです。老病死の苦悩は自分自身の問題ですが、愛する者を失うことはそれらに勝《まさ》る大きな苦しみではないでしょうか。配偶者を亡くした人は、立ち直るのに三年はかかると言われています。幼い子どもを亡くした人は十年かかるとされています。こんな苦しみが、この世に他にあるでしょうか。

先ほど、「生」は苦悩から離れたと述べましたが、ブッダが本当に「生」の苦悩としたかったのは、誕生という「生まれること」ではなくて、愛する人を亡くして「生き残ること」ではなかったかと、わたしは思うのです。

それでは、「偉大なブッダが苦悩と認定したものを、おまえごときが癒せるはずなどないではないか」という声が聞こえてきそうです。たしかに、そうかもしれません。でも、日々、涙を流して悲しむ人たちを見るうちに、「なんとか、この人たちの心を少しでも軽くする言葉をかけることはできないか」と思い立ち、本書を書きました。

わたしの経営する冠婚葬祭の会社の葬祭部門では、愛する人を亡くした人に対して何ができるのか、どんな言葉をかければよいのかを全社員が毎日考えています。

でも、必要以上に言葉に頼ってはならないと、いつも注意していま す。もちろん通夜や告別式で、悲しんでおられるお客様に慰めの言葉を かけることは必要なことです。しかし、自分の考えを押し付けたり、相 手がそっとしておいてほしいときに無躾《ぶしつけ》に言葉をかけるのは慎《つつし》むべきで す。ただ、黙って側にいてさしあげるだけのことがいいこともある。共 感して、一緒に泣くこともある。微笑《ほほえ》むことがいいこともある。

ちなみに、わたしの会社では、葬祭スタッフにも笑顔を求めていま す。葬儀には笑顔など必要ないのではと思う方も多いでしょう。しか し、わたしは必要だと思っています。仏像を見ると、仏の顔はみな穏《おだ》や かに微笑んでいます。これはやさしい穏やかな微笑みが、人間の苦悩や 悲しみを癒す力をもっていることを表わしています。葬儀だからといって、暗く陰気な顔をする必要などまったくないのです。

いまだ理想には程遠いのですが、これからも、「愛する人を亡くした人へ」のメッセージをお届けする会社にしたいと願っています。


本書は、ブッダがキサーゴータミーに語ったように、愛する人を亡くした人に対して語りかけたいと思って書きました。

本書を読まれた方が、キサーゴータミーのように自然な気づきを得て、やすらかな気分になってくれるといいのですが。しかし、なにぶん筆力のなさゆえ自信がなかったわたしは、月の不思議な力を借りることにしたのです。満月の光はよく「慈悲《じひ》」にたとえられますが、わたしは「希望」の光が残された人へ降り注ぐことを信じています。

結局、死別はたしかにつらく悲しい体験ですが、その別れは永遠のものではありません。あなたはまた愛する人に会えるのです。風や光や雨や雪や星として会える。夢で会える。あの世で会える。生まれ変わって会える。そして月で会える。

死別というのは時間差で旅行に出かけるようなものなのです。先に行く人は「では、お先に、いってきます」と言い、後から行く人は「いってらっしゃい。後で行くから、待っててね」と声をかけるのです。それだけのことなのです。

考えてみれば、世界中の言語における別れの挨拶に「また会いましょう」という再会の約束が込められています。日本語の「じゃあね」、中国語の「再見《ツァイチェン》」もそうですし、英語の「See you again」もそうです。フランス語やドイツ語やその他の国の言葉でも同様です。

これは、どういうことでしょうか。古今東西《ここんとうざい》の人間たちは、つらく、寂しい別れに直面するにあたって、再会の希望をもつことでそれに耐えてきたのかもしれません。

でも、こういう見方もできないでしょうか。二度と会えないという本当の別れなど存在せず、かならずまた再会できるという真理を人類は無意識のうちに知っていたのだと。その無意識が世界中の別れの挨拶に再会の約束を重ねさせたのだと。

別れても、わたしたちはかならず再会できるのです。

十五通の手紙を読まれたあなたが、何らかの希望を手にして、亡くなられた方の分まで生きようと思ってくださったなら、これに勝る喜びはありません。

最後に、すべての死者と、愛する人を亡くしたすべての人へ、本書を捧げたいと思います。

文庫版おわりに

二〇二四年の九月二〇日、父が行年九〇歳で旅立ちました。

「死は不幸ではない」と言い続けてきたわたしですが、不幸ではないにしろ、最も親しい存在である「親」が亡くなるというのはやはり寂しいものです。その寂しさはけっして不幸ではありませんが、心の奥底に残るものです。

父の通夜と葬儀を終えた翌日、本書の校正ゲラが届きました。

一七年ぶりにじっくりと読み返しました。自分で書いた本ではあるものの、わたしの心にしっかりと寄り添ってくれました。本書を書いて良かったと心底思いました。

本書はグリーフケアの書です。死別の悲嘆に寄り添うグリーフケアは、わたしの人生と仕事におけるメインテーマの一つです。経営する株式会社サンレーでは、二〇一〇年から葬儀後の遺族の方々のグリーフケア・サポートに積極的に取り組んできました。遺族会である「月あかりの会」を設立し、運営してきました。そこからは、「うさぎの会」という自助グループも生まれています。副会長を務めた一般社団法人全日本冠婚葬祭互助協会では、グリーフケアPTの座長としてグリーフケア士の資格認定制度を立ち上げました。現在は、同制度を運営管理する一般財団法人冠婚葬祭文化振興財団の理事長を務めています。二〇一八年からは、上智大学グリーフケア研究所の客員教授も務めさせていただきました。

悲嘆の現場にいると、地縁でも血縁でもない、新しい「縁」が生まれていることを感じます。悲嘆による人的ネットワークとしての新しい縁です。これを、わたしは「悲縁」と呼んでいます。

本書のオリジナル版が刊行された一七年前、「グリーフケア」という言葉を知る人は少なかったです。今では、わたしも出演したドキュメンタリー映画「グリーフケアの時代に」や、本書を原案にしたドラマ映画「君の忘れ方」が公開されるまでになりました。グリーフケアの時代の訪れを感じます。

心に沁みる解説を書いてくださった町田そのこ氏に感謝申し上げます。

悲しみの中にある方々の手元に、本書が届きますように。

死別はたしかにつらく悲しい体験ですが、
その別れは永遠のものではありません。
あなたはまた愛する人に会えるのです。
風や光や雨や雪や星として会える。
夢で会える。
あの世で会える。
生まれ変わって会える。
そして月で会える。
——かならず再会できるのです。

解　説――愛する人を失う怖さに耐えられないのだ

町田そのこ

私は、死が怖い。

幼いころは己の死に酷く怯《おび》えたものだが、年を重ねるにつれて、大事なひとの死が堪《たま》らなく恐ろしくなった。想像するだけで、ぞっとする。大切なひとの死は、遺された私に半身を千切るような哀しみを与えるだろう。生きる気力を、根こそぎ奪い取ってしまうだろう。そして、自分が自分自身ではなくなってしまうだろう。死とは、なんと残酷で無慈悲なものなのだろうか。底知れぬ沼の前に立たされたかのように、絶望するばかりだ。

いま私は作家を生業《なりわい》としており、死をテーマにした作品をいくつか書いている。死の恐怖を乗り越え、死と向き合うことができたから、それを描いているわけではない。その逆だ。どう向き合えばいいのか、どういう心持ちでいればいいのか、全く分かっていない。だからこそ、作品を通じて考え続けているのである。その答えは、いまだ導き出せていない。訃報に接するたび、無力さにも似たやるせなさに包まれる。うまく立ち直ることもできず、しくしくと痛む傷を抱えて、痛くないふりをして生きている。

しかしこれは決して、私だけに限った話ではない。太古の昔から、多くの人びとが死というどうしようもない断絶に抗《あらが》ってきた。死が与える衝撃を少しでも和らげる術《すべ》を知りたがり、思い悩んできたのだ。本書を手に取られた皆様も、きっと同じことだろうと思う。死を前に立ち尽くしたことのないひとなどいないのだ。

筆者である一条真也氏は作家であるが、冠婚葬祭会社の経営者という別の顔も持たれている。我々人間の、生きていくうえで決して欠かすことのできないセレモニーを毎日見守り続けている。そして、死がもたらす哀しみや苦しみの傍《かたわ》らに、立ち続けているのだ。

その一条氏が書かれた本書は、私のような、死に怯える人々に向けられている。それだけではない。タイトルからも分かる通り、いまこのとき、大切なひとを失い寄る辺をなくした気持ちでいるひとにこそ、語りかけられている。

本書は十五の章——一条氏からの十五通の手紙で構成されている。新月から月が満ちる満月まで、毎晩届く手紙だ。私はまさしく手紙を受け取るように、十五日かけて、夜眠る前に一通ずつ読んでいった。

優しい語り口で進む手紙の一通一通は、そんなに長くない。そして、難しい言い回しを使っていない。私はまずここに、一条氏の気遣いを感じた。茫然自失の体《てい》のときに、文字というのはなかなか頭に入ってこないものだ。ましてや熱いばかりの言葉や難解な話など、なおのことである。しかし手紙たちはまるで、眠れない夜に口にするほんの少しの温かいミルクのようだ。ちょうどよく、読者の中に沁《し》み込み癒してくれる加減だ。

そしてミルクとは、滋養深いものでもある。

手紙のそこここに、心に響く言葉が散りばめられている。ネイティブアメリカンの詩に、孔子の導き出した「孝」の考え。精神科医やグリーフ・カウンセラーの言葉。死と向き合い続けた先人たちの言葉が、丁寧に分かりやすく引用されている。

この引用の幅が、とても広い。多岐に亘《わた》っている。私は本を読んでいるときに「これは」と思う箇所に付箋を貼る癖があるが、本作は付箋だらけになってしまったほど、学びある引用ばかりだった。しかしそれも、葬儀の傍《そば》にいる一条氏からすれば当然のことなのだろう。死とはすべての人間に平等であるが、哀しみようはひとつではない。そのひとだけの哀しみがある。その数多《あまた》ある哀しみにぴたりと添う言葉を差し出せるよう、きっと模索し続けているに違いない。

私は、キューブラー・ロスの死の表現のくだりが忘れられず、しばらく反芻した。

少し前に、母方の祖母を病で亡くした。コロナ禍《か》だった為、面会もできない中での死だった。見舞うことは叶わず、看取ることもできなかった。長患いだった祖母はいまどこでどうしているのだろう。先に亡くなった祖父としあわせに過ごしているのだろうか、と思うことがときどきあった。しかし、「しあわせな死後の姿」がどうしてもうまく想像できなかった。天国と言われても、どうもピンとこない。

そんな風だったから、ロスの「蝶」という表現にすとんと納得するものがあった。なるほど、蛹《さなぎ》が羽化するように魂が解放されるのか。

もちろん、その考えのきっかけになるユダヤ人収容所の子どもたちの話は哀しいばかりだ。救われたいという思いが蝶を連想させたのかもしれないと思うと、ただただやるせない。しかしきっと、その思考は辛さが生み出した幻ではない。その後に続く検証が何よりの証左だし、私自身、信じられる説得力を感じた。

亡き人々がいま、この世界を自由に舞っているのなら何よりだ。そして、彼らが煌《きら》びやかに舞うこの世界で生きている私は、彼らと永遠の断絶をしたわけではない。いつか私も蝶になり、どこかで出会える日も来るのかもしれない。そんなことを想像するだけで、嬉しくなった。

これからはうつくしい蝶を見たら祖母の欠片《かけら》かもしれないと思えるだろうし、それは今後の日々をも明るくしてくれる。この手紙を読んだ晩は、特に満たされた思いで眠ることができた。

さて、本書は内容もさることながら、距離感もよい。哀しみに暮れるひとに、決して踏み込んでこない。前を向きましょう、哀しみを乗り越えてあなたの人生を歩みましょう。そんな、「そのタイミングは、いつか自分で決めますけど」と腹立たしくなるような見当違いかつ乱暴なことは決して書いていない。そんな下らない、傷を乱暴に撫でるようなだけの声掛けなどいらないと言外に告げている。

遺されたひとが望むのは、哀しみを理解してくれること、哀しんでいる自分の孤独を知ってくれること、そして哀しみを少しでも和らげてくれる労りだ。一条氏はそれらをよく知っているからこそ、ただ、寄り添ってくれる。まさに月明かりのようだ。太陽のように何もかも詳《つまび》らかにするような強い光ではない。「あなたの哀しみを知っている」というようにただ静かに在る月の光。それは新月であっても、決して途絶えない。哀しみに呼応するように満ち欠けを繰り返しながら、哀しみの夜を抜け出せるその日まで、照らし続けてくれるのだ。

十五通に亘る、死について語ってくれる手紙を読み終わると、不思議と心が凪《な》いでいた。いろんな考えを知り、向き合いようを知った。そして少しだけそのことを考えて眠る夜を繰り返すことで、曖昧になっていたこと、言語化できなかったことがかたちづくられていくようだった。

では死をすっかり理解したかと言えば、それはノーだ。私はきっとこれからも、大切なひとの死に接するたび絶望するだろう。立ち尽くし、涙するだろう。絶望の闇の中でもがく日もきっと、これから訪れる。

しかしこれからは、本書の言葉たちを思い出すことができる。真っ暗闇のような哀しみの中で、一筋の月灯りを見つけることができる。哀しみの扱いを少しだけ覚えた私は、きっと明日へ向かうことができるだろう。自分の哀しみを慰める多くの言葉を、多くの考えを、私は知ることができたのだから。

本書はこれからも、哀しみの淵にいる多くの人々に寄り添い続けることだろう。どうか必要なひとの手にきちんと届きますように、と願ってやまない。

（作家）

著者紹介
一条真也（いちじょう　しんや）
1963年、福岡県生まれ。早稲田大学政治経済学部卒。「人間にとっての幸福とは何か」「死をいかに乗り越えるか」をテーマに、大手冠婚葬祭互助会の経営のかたわら旺盛な執筆活動を続ける。一般社団法人冠婚葬祭文化振興財団理事長。2012年、第二回「孔子文化賞」を受賞。日本におけるグリーフケア研究および実践の第一人者。
主な著書に『葬式は必要！』（双葉新書）、『永遠葬』（現代書林）、『葬式不滅』（オリーブの木）、『唯葬論』（三五館、サンガ文庫）、『儀式論』（弘文堂）、『決定版 冠婚葬祭入門』『決定版 年中行事入門』（以上、ＰＨＰ研究所）、矢作直樹との共著『命には続きがある』（ＰＨＰ研究所、ＰＨＰ文庫）など多数。

編集協力——内海準二

本書は、2007年７月に現代書林から刊行された作品に解説を加え、文庫化したものです。

PHP文庫　愛する人を亡くした人へ
悲しみに寄り添う15通の手紙

2024年11月15日　第1版第1刷

著　者　一条真也
発行者　永田貴之
発行所　株式会社ＰＨＰ研究所
東京本部　〒135-8137　江東区豊洲5-6-52
ビジネス・教養出版部　☎03-3520-9617(編集)
普及部　☎03-3520-9630(販売)
京都本部　〒601-8411　京都市南区西九条北ノ内町11

PHP INTERFACE　https://www.php.co.jp/

組　版　株式会社PHPエディターズ・グループ
印刷所　株式会社光邦
製本所　東京美術紙工協業組合

ISBN978-4-569-90450-4

PHP文庫

命には続きがある

矢作直樹、一条真也 著

救命医師と葬儀のプロが、見えない存在のことから、人を看取り葬ることの意味まで語り尽くす。コロナ禍についての新章を新たに追加！